I0075825

# O Meio Urbano ante a Criminalidade Violenta

*Evandro Limongi Marques de Abreu*

# O MEIO URBANO ANTE A
# CRIMINALIDADE VIOLENTA

1ª Edição
POD

**K**

Petrópolis
KBR
2011

Edição de texto **KBR**

Editoração **APED**

Capa  **KBR sobre foto (arquivo Google)**

Copyright © 2011 *Evandro Limongi Marques de Abreu*

Todos os direitos reservados ao autor

ISBN: 978-85-64046-75-7

KBR Editora Digital Ltda.

www.kbrdigital.com.br

atendimento@kbrdigital.com.br

24 2222.3491

340 — Direito

**Evandro Limongi Marques de Abreu** é carioca da Tijuca, radicado em Curitiba desde 1986. Advogado criminalista militante, atualmente leciona Processo Penal, supervisiona estágios nessa área e prepara júris simulados nas Faculdades Dom Bosco. Exerceu a docência na PUC-PR de 1991 a 2005, onde obteve o título de Mestre em Direito Econômico e Social. Também é Psicanalista. Pai de Rodrigo e de Thiago, é casado com Édia Lucia.

**E-mail do autor:** mdaev@terra.com.br

Dissertação apresentada em 2002 como requisito parcial à obtenção do título de Mestre em Direito no Curso de Mestrado em Direito Econômico e Social, Centro de Ciências Jurídicas e Sociais, da Pontifícia Universidade Católica do Paraná, tendo como orientador o Prof. Dr. Carlos Frederico Marés de Souza Filho.

*A Deus.*
*A meus pais.*
*À Lucia, com amor.*

# Agradeço

Ao Professor Doutor Carlos Frederico Marés de Souza Filho, por sua amizade sincera, generosidade e tolerância ímpares, fundamentais para que o trabalho fosse menos árduo e pudesse chegar a termo.

À Professora Eloete Camilli Oliveira, pela compreensão, ajuda e atenção nos momentos de maior dificuldade, sempre pronta a ouvir e a dispensar sua palavra de ânimo e estímulo reconfortantes.

À secretária do Curso de Mestrado em Direito Econômico e Social da PUC-PR, Eva de Fátima Curelo, por suas "lembranças" tão gentis e bem-humoradas, e seu irrepreensível senso de profissionalismo.

Ao amigo Miguel Adolfo Kalabaide, por sua solicitude, arrojo e pontualidade, sem os quais as atividades próprias de um escritório de advocacia teriam consumido um tempo precioso e irrecuperável.

A todos que, de alguma forma, colaboraram para que não se desistisse e se continuasse abraçando o tema escolhido com carinho, pois que ele, embora complexo, não viria afinal a desapontar.

*Aqui, o tráfego foi todo remanejado, se é assim que se diz, e a todo o momento se vai para onde não se quer, evitando-se as cidades pequenas e os seres humanos até lhes esquecer  a forma e o contato. (...) Há um espelho em que eu não me reconheço.*
*E depois não querem violência. Como, se o cidadão brasileiro (...) perdeu a identidade até do botequim da esquina?*

Millôr Fernandes

Este livro volta-se à abordagem do difícil problema do meio urbano ante a criminalidade violenta, o qual, sem qualquer exceção, preocupa em muito toda a sociedade brasileira, buscando trazer a seu respeito uma nova perspectiva de compreensão e de análise, vale dizer, de cunho socioambiental. Seu argumento central é de que a violência é o resultado da não aceitação da impossibilidade de uma correspondência entre os espaços urbanos — o concreto e o simbólico —, motivada por uma política de exclusão cruel e desumana. Invenção social que veio a originar-se do confronto entre as culturas do paleolítico e do neolítico, expandiu-se com os vários impérios e cresceu desde a Revolução Industrial com o alastramento incontido do capitalismo, a cidade no Brasil recebe hoje, com a emergência do Estatuto da Cidade, um padrão adequado de tratamento legal dotando a propriedade privada de uma função social já prevista na Constituição Federal em vigor, cuja aplicabilidade compete a um Poder Judiciário preparado para vencer sua própria resistência interna de natureza ideológica e para superar forças e tendências externas de orientação mais conservadora.

Categoria ecológica evidente que é, com lastro num livre e irrestrito acesso ao espaço urbano e à cidadania, o meio construído é degradado com a disfunção representada pela violência em seu perímetro, acabando por serem bem piores do que esta as manifestas reações, abrangentes e pontuais, esboçadas no calor da indignação e sob dura pressão popular. Desse modo, admitida sua prevalência no quadro federativo, a urbanidade demanda novos e apropriados escopos de gestão, fundados nos princípios inalienáveis da dignidade da pessoa humana e da igualdade dos cidadãos entre si, cabendo incentivar-se, por salutar, a participação direta da comunidade nas decisões a serem tomadas pelo Poder Local a fim de que se tenha um meio artificial todo ele viável.

# Sumário

# Introdução

O meio urbano, frente à criminalidade violenta que o corrói e que nele produz efeitos deletérios, apavorando a população em geral e deixando atônitas as autoridades competentes, é o objeto deste livro. O assunto é tratado através de pesquisa bibliográfica, utilizando-se predominantemente o método histórico-crítico, por entendê-lo o mais adequado à realização da tarefa investigativa.

Iniciamos o estudo pelo importantíssimo tema da origem da cidade, a partir da aldeia e de outras povoações. São verificadas as circunstâncias da superposição do paleolítico e do neolítico e as repercussões advindas com o aparecimento da chefia, e, posteriormente, da realeza.

A seguir, examinamos a disciplina trazida pelo novel Estatuto da Cidade, que transforma o tratamento a ela dado, em especial no que respeita à tortuosa e assaz polêmica função social da propriedade.

Na sequência o espaço e a cidadania são correlacionados, demonstrando-se a contradição e o aviltamento que os cercam, em prejuízo da categorização ecológica da cidade.

A violência é desvelada, em sua brutalidade, como uma reação social, donde se extraem explicações possíveis para haver-se chegado a um estado de verdadeiro descontrole da urbanidade. Daí se articulam escopos diferenciados voltados a uma gestão democrática do meio urbano a fim de que, em comunidade, ele seja resgatado das distorções que lhe são impostas e se preste renovado a ser palco do encontro e da paz, tornando-o viável para todos.

A linguagem por vezes dura, crua mesmo, é reflexo da temática abraçada em que o jurídico, referido aqui e ali, aparece como se o percebe, tímido, impotente, despido de elementos que respondam à barbárie cotidiana e quase sem as forças de que necessitaria para ser relevante.

Ao final, o que se propõe brevemente há de ser capaz de suscitar outras pesquisas que, um dia, façam melhores os dias da cidade, unindo os seres humanos em torno de projetos cooperativos.

# 1. Uma Leitura Histórica do Meio Urbano

A compreensão do meio urbano, fundada em sua história,[1] exige mais do que a simples aglutinação de determinados fatos — como os atinentes à sua origem, isto é, época e localização, e aos desacertos, percalços e avanços que vêm pontuando sua trajetória sem sequer um mínimo de coerência interna e sentido evidente.

No afã de explorar esse conjunto de facetas que, integradas, culminaram com seu aparecimento, objetivamos ir adiante do corriqueiro, identificando as raízes da crise que fustiga severamente esse ente de inconteste complexidade.

Para conseguir adentrar aquele passado mais remoto, atentamos ao processo formativo de suas características funcionais indo até o início de sua expansão; retomamos[2] depois

---

1 *Lato sensu*, quer dizer, incluindo o período anterior a tal preocupação.

2 O hiato (algumas observações mui breves são feitas mesmo assim) se justifica pela opção de se proceder a "uma leitura", tão-somente. À parte de não nutrirmos a intenção de abarcar a história integral da cidade, o resultado obtido com a tessitura coesa dos dados tidos por mais relevantes serve bem ao que queremos demonstrar, sabendo, além disso, que os fatores que contribuíram para sua emergência na Antiguidade, e as fontes recentes de sua inquietação, têm algo de pertinente, e muito ainda a chamar *per se* a atenção dos responsáveis — formais e informais: todos nós — por seu

a investigação, às vésperas da revolução industrial, rumo ao notório *status* contemporâneo, antes chegando à forma pela qual se engendraram as realidades latino-americana e, notadamente, a brasileira.

Em ambas as etapas, procuramos trazer igualmente a notícia específica das manifestações de violência e das mudanças e marcas esta já produziu e deixou, sem se buscar, contudo, uma exposição exaustiva a não ser aquela que venha a atender à importância de se poder contar com um quadro referencial dessa espécie.

## 1.1 Facetas de uma origem remota

Quem se propõe a assumir a fascinante e mui árdua tarefa de perscrutar a antecedência da urbanidade há de se fazer, *a priori*, duas perguntas[3] absolutamente fundamentais: o que se deve entender por cidade primitiva e como se deu seu surgimento.

Gideon Sjoberg afirma ser aquela "(...) uma comunidade de dimensões e densidade populacional consideráveis, abrangendo uma variedade de especialistas não-agrícolas, nela incluída a elite culta", que ganha forma na Mesopotâmia, em torno de 3500 a.C., pela conjugação de três aspectos necessários: um aprimoramento técnico acentuado, uma organização social distintiva e uma região favorecida por abundantes recursos naturais e pela intersecção de rotas estratégicas — "meio de comunicação entre povos de diferentes culturas".[4]

---

destino imediato, sua continuidade e um novo papel que quiçá possa ela um dia vir a desempenhar.

3 Outras duas indagações, a serem feitas posteriormente, referem-se a seu desenvolvimento e aos meandros de sua condição atual, todas elas indissociáveis e tampouco de resolução nada fácil.

4 Sjoberg, G. *Origem e evolução das cidades*. In: Davis, K. et al. *Cidades*. Rio de Janeiro: Zahar, 1972. p. 37-39, onde é explicado o que significa a categoria "elite culta".

No entanto, no efetivo desbaste da tortuosidade das questões, sua perceptível redução ao sociológico é contraproducente, logo proporcionando respostas parciais e insatisfatórias; o que ocorreria semelhantemente no caso do predomínio de qualquer outra ciência social sobre as demais. Na realização de uma análise histórica que se pretenda profunda, é mister ao desejável[5] composto instrumental interdisciplinar torná-la capacitada, não apenas — por mais rica em minúcias — à mera descrição, mas a comportar o crivo de uma crítica rigorosa.

De acordo com este padrão, dentre um número razoável de pesquisas disponíveis acerca do tema às quais tivemos acesso direto, de diferentes matizes, métodos e fins, nenhuma supera em conteúdo, e com a perspectiva que a realça, a de Lewis Mumford[6], da qual depende em elevada proporção este segmento e de onde extraímos material de grande valia para o que o segue, sem prejuízo de válidas e oportunas contribuições[7] de outrem.

Cabe uma advertência: nesse campo, em especial, a expectativa de virmos a recolher algo de inequívoco e definitivo merece de antemão o abandono; estamos às voltas com um processo embrionário de descontinuidades e sobreposições — de delineamento por natureza bastante vagaroso —, fadado, assim como o seu produto, a ficar envolto na suposição e ao risco crônico da indeterminação,[8] dado que o apontamento preciso do que foi a cidade mais antiga — em que se consti-

---

5  Se consoante a uma "prática restrita", como bem o exprime Bernard Lepetit, "(...) de empréstimos recíprocos (...) para leituras renovadas da realidade social" (vide Salgueiro, H. A. (Org.). *Por uma nova história urbana*: Bernard Lepetit. São Paulo: EDUSP, 2001. cap. 1).

6  Mumford, L. *A cidade na história*. São Paulo: Martins Fontes, 1998.

7  Do próprio Sjoberg.

8  A polêmica apreensão do urbano entrelaça-se com uma multiplicidade de fatores; sua formatação, por exemplo, continua incompleta, em aberto, diante de estímulos renovados e incessantes.

tuía, quando, como e de onde surgiu — tem sua probabilidade impedida até o presente por óbices intransponíveis[9] e circunstâncias desconcertantes.[10]

Se é pouco aproveitável o conhecimento a tal respeito acumulado — pelo contato mantido com remanescentes físicos e objetos relacionados ao ser humano —, resta a viabilidade da prudente adoção do exercício de se retroceder nas eras, a fim de acompanhar os passos para trás[11] que cooperaram com o fenômeno de cristalização de suas estruturas e funções elementares, hoje já conhecidas.

Como bem o frisa Mumford,[12] antes da cidade houve a pequena povoação, o santuário, a aldeia, o acampamento, o esconderijo, o montão de pedras; mas, sobretudo, uma persistente predisposição da humanidade para a vida social — reflexo inegável de imemorial herança animal que detectamos, por "paralelismo e convergência", no cotidiano dos denominados insetos sociais. Não obstante, a tendência à fixação e ao isolamento para fins de defesa e de segurança, bem como o anelo por estar ligado a uma porção determinada — aliás, determi-

---

9 Além de não se ter notícia arqueológica de cidade alguma, dita primitiva, desenterrada por completo e das dificuldades de se pôr em ação um trabalho exploratório naquelas ainda hoje habitadas, o material coletado apresenta tamanhos vazios que não permite senão ilações, deixando a desejar quanto à segurança que gostaríamos de alcançar (id., ibid., p. 67).

10 Observa Nancy Kleniewski que as cidades de Jericó e Çatalhöyük (preferimos esta forma) foram breves incidentes atípicos, de emergência prematura e desaparecimento abrupto incompreensíveis (*Cities, change, and conflict.* [S. l.]: Wadsworth, 1997. p. 50s). Em relação à última, de acordo com os dados que abraça, Jane Jacobs manifesta contrariedade radical (Cf. *La economía de las ciudades.* Barcelona: Península, 1975. p. 9-57). Sjoberg certamente as classificaria em sua escala como quase-urbanas (loc. cit.). Mumford vislumbra na primeira uma cidade rural (*Op. cit.*, p. 68).

11 Em verdade, até onde o seja permitido na ausência de registro histórico, pois quando este surge a cidade já não é a bem dizer primitiva (ibid., p. 10ss, 44, 67). A favor: Jared Diamond (*Armas, germes e aço.* Rio de Janeiro: Record, 2001. p. 215-224); contra: Sjoberg (loc. cit.).

12 Mumford, *Op. cit.*, p. 11s.

nante — de terra —que lhe pertence — são idiossincrasias humanas que se foram apurando, paulatinas, a cada retorno[13] de levas de afins[14] aos lugares de sepultamento de antepassados.

Porém, dentre aqueles primitivos núcleos de proximidade[15] com semelhantes e o desconhecido, a caverna revelou maior aptidão como agente catalisador de agregação. Centro ritualístico primitivo por excelência, em seu seio o ser humano encontrou, além de uma morada privilegiada, a chance de ver, por intermédio de uma arte aparentemente rudimentar, o seu dia-a-dia espelhado pela primeira vez.[16] Nela, ele teve uma antevisão nítida, peculiar e impulsionadora da dimensão espacial, tanto que os abrigos humanos artificiais a representavam, numa imitação — de início tosca e ao longo do tempo cada vez mais bem construída e confiável — das cavidades naturais,[17] acolhedoras e inesquecíveis.

Fundidas as últimas geleiras, com o estabelecimento enfim do ambiente físico como conhecido, menos ameaçador e inóspito,[18] alguns clãs, pequenos contingentes familiares e homogêneos, acabaram por se reunir e assentar, desenvolvendo entre si uma convivência que se obrigou a ser amistosa.[19] Assim, ociosos quanto à caça e à coleta itinerante e no intuito

---

13 Quando essa prática se tornou essencial, contínua e regular.

14 Bandos, como traz Diamond (*Op. cit.*, p. 267-270).

15 Não de ajuntamento esporádico como havia sido a fogueira, mas, por exemplo, um túmulo ou uma área sepulcral coletiva; a árvore ou todo o bosque; a fonte d'água; a pedra grande; etc.

16 Cf. as anotações de Diamond (ibid., p. 39s) e de Mumford (*Op. cit.*, p. 13ss).

17 Benevolo, Leonardo. *História da cidade*. São Paulo: Perspectiva, 1999. p. 13 (com ilustrações). Até hoje, a noção de residência como aquilo que cobre, que envolve, é amplamente encontradiça.

18 Para datação, consulte-se o método empregado por Diamond (*Op. cit.*, p. 35, 47).

19 Rectius: menos belicosa, em função de um instinto coletivo de sobrevivência na união de forças.

de atender a um número crescente de indivíduos — os filhos —, não demoraram a sentir a necessidade de um suprimento alimentar previsível, motivo bastante para se inferir, apropriadamente, que os cultos de fertilidade possuíam raiz de caráter muito mais sexual[20] do que agrícola, sobressaindo-se e permanecendo posteriormente esta última, via elaboração racional.

Deixando sempre a marca de sua existência em todos os lugares em que pisaram e em tudo o que puderam, dispuseram-se aqueles seres, concomitante à aragem, à domesticação de animais, tomando inconscientemente parte ativa nos diversos cursos naturais[21] e encaminhando a colonização que, amadurecida por sua interação, materializou-se na aldeia revolucionária, conquanto singela — de oposição frontal ao perfil em geral[22] predatório do caçador-coletor que eles outrora haviam sido[23], mais afeito à inconstância, à esperteza, à dissimulação, rapidez e impetuosidade, e, não se olvide, à violência e à morte.

Leciona Benevolo, acerca da comunidade emergente:

> O ambiente das sociedades neolíticas não é apenas um abrigo na natureza, mas um fragmento de natureza transformado segundo um projeto humano: compreende os terrenos cultivados para produzir, e não apenas para apropriar do alimento; os abrigos dos homens e dos animais domésticos; os depósitos de alimento produzido para uma estação inteira ou para um período mais longo; os utensílios para o cultivo, a criação, a defesa, a ornamentação e o culto[24].

---

20  Derivada dos eventuais encontros para promoção de acasalamento e troca de pessoas (optamos, sem receio). Cf. o pensamento de Mumford (*Op. cit.*, p. 17s).

21  Com importantes detalhes, vide Diamond (Op. cit., caps. 7, 9).

22  Há, contudo, exceções e variantes (id., ibid., p. 105s, 273).

23  Id., ibid., p. 103.

24  *Op. cit.*, p. 16.

A feminilidade permeava essa atmosfera feliz e de estabilidade. Mumford argumenta que "a casa e a aldeia, e, com o tempo, a própria cidade, são obras da mulher"[25]. Receptiva e mais sensível do que o homem, acostumada a esperar para dar à luz, proporcionando às crianças atenção e cuidados, velava à sua maneira[26] pelo resultado de suas experiências e pelo aumento da produtividade,[27] tornando-se, pois, imprescindível naquela economia. As primeiras construções para proteção, rústicas e ainda vazadas, destinavam-se à prole e aos animais; mais tarde, ante o perigo concreto de invasões, se estenderam a toda a área habitada. Entretanto, as cogitações quanto ao isolamento e à segurança encontraram melhor expressão no feitio de cestos e vasos — incomparável contribuição da mulher —, isto é, no recipiente.[28]

De moldar o que pudesse reter e conservar, logrou o ser humano domesticar a própria natureza ao seu redor[29]; e, da basilar conformação desta, chegaria à intrincada configuração da cidade, "recipiente de recipientes."[30] Com efeito, desde os primórdios a aldeia vinha nutrindo em seu bojo o arcabouço físico e institucional da cidade, a casa, o oratório, o poço, a via pública, a ágora e o vizinho:[31] o amálgama de uma religiosidade[32] simples, de prática comunitária e, com relevo, consistente no respeito aos ancestrais e na veneração dos deuses parti-

---

25 *Op. cit.*, p. 18-24.

26 Com disciplina e regularidade maternais: pacientes, cíclicas.

27 Por exemplo, na usual mistura de sementes e de raízes, produzindo e testando variedades de espécies.

28 Outra evocação simbólica da caverna.

29 Transportando, além de apenas guardar e armazenar água, sementes e víveres.

30 Id., ibid., p. 24.

31 Id., ibid., p. 21s, 25, 28.

32 Não confundir com religião.

culares, o conselho de anciãos[33] mantendo unidade e ordem consensuais.

Com o labor agrícola incrementado pela adubação com esterco.[34] o feminino confirmou-se influente na passagem gradual do fabrico e uso de itens lascados, mais empregados na caça, aos artefatos polidos[35]. Duas outras transformações[36] aconteceriam, a saber: a utilização do arado de tração animal e a substituição definitiva da pedra pelo metal — neste caso, o bronze.

Claro está que ao atingir certo patamar de satisfação comum, fincada na viciosa certeza da nutrição e reprodução com sua rigidez e estática existenciais, limitada por uma rotina plana de acomodação e se revolvendo em costumes particulares, com uma tradição oral de traços épicos e supersticiosos, a aldeia se esgotou, abdicando de quaisquer chances de mudança.[37]

O caçador paleolítico não desaparecera, porque as culturas não se sucedem, estanques, umas às outras; mas se mantinha afastado da colônia neolítica, que com seu lidar enfadonho e maçante lhe parecia desinteressante, embora o estilo de vida ameno e previsível o atraísse como um ímã. Um eventual compartilhamento territorial e a observação mútua levaram ao estreitamento de relações, a par da proteção contra a ação de animais ferozes de que as plantações, a criação e a própria comunidade careciam. Quando se viu mais benquisto, o suportado caçador, consciente de seu papel, transmudou o

---

33 Esses conselhos, cuja origem é pouco conhecida, de homens mais velhos, sábios, zelavam pela moralidade, tinham funções de liderança e dirimiam questões controversas, de acordo com o que lhes parecesse justo; eram formações espontâneas e preservadoras das antigas tradições da aldeia, se bem que "lentos e ultracautelosos (sic)" (id., ibid., p. 26s, 40).

34 Diamond, *Op. cit.*, p. 86.

35 Mumford, *Op. cit.*, p. 20s.

36 Os últimos avanços tecnológicos da aldeia (id., ibid., p. 28).

37 Id., ibid., p. 24-26.

agradecimento espontâneo em recompensa material, exigida ao ponto de constranger os aldeãos que lhe granjeavam apoio junto à chefia.[38] Perspicaz e habilidoso, permitiu que sua figura fosse sendo associada, convenientemente, à do pastor, levando a viger os valores agora condizentes com o masculino.[39]

A cidade foi o fruto de maior repercussão dessa junção cultural:[40] "(...) nasce da aldeia, mas não é apenas uma aldeia que cresceu",[41] segundo atesta Benevolo. Em expressivo salto qualitativo, ultrapassou a "sociedade de gente"[42] trazendo consigo invulgares aperfeiçoamentos: arredondou o traçado retilíneo das construções; especializou, em boa parte, o trabalho de seus habitantes; e reelaborou os hábitos e costumes, sob outra perspectiva existencial. Ao lado do acanhado propósito da aldeia, de simples sobrevivência, acontecia a revolução urbana[43] que acrisolava uma nova cultura, de eficácia e alcance ampliados, voltada para uma dimensão diferenciada de vida; formava-se uma nova estrutura, com o recolhimento,[44] numa área então delimitada, do que anteriormente se encontrava em estado de verdadeira latência e por demais esparso.

---

38 À qual correspondia o monopólio do uso da força, destreza que não lhe faltava.

39 Id., ibid., p. 21-33, 35s. Também, Diamond (*Op. cit.*, p. 107-112, 273ss) e Jacobs (*Op. cit.*, p. 44-47).

40 Esta é a hipótese de Mumford, em apertada síntese (*Op. cit.*, p. 34). Vejam-se, também, as de Sjoberg (*Op. cit.*, p. 36ss), de Diamond (*Op. cit.*, p. 282-293) e de Jacobs (loc. cit.).

41 *Op. cit.*, p. 23.

42 Assim, na terminologia de Sjoberg (loc. cit.).

43 Denominação que brotou, pioneira, da verve extraordinária de Vere Gordon Childe (*A evolução cultural do Homem*. Rio de Janeiro: Zahar, 1981), que veio a se tornar fonte obrigatória de numerosos estudiosos, e ao qual Mumford faz um pequeno, mas oportuno, comentário crítico (*Op. cit.*, p. 39, 634).

44 Mumford (ibid., p. 42ss) descreve este processo como sendo o de uma implosão e explicita a conjuntura em que ele ocorreu.

Emblemática, resultante da impenetrável levedura desencadeada pelo que era incomum à aldeia, a cidade franqueou ao ser humano, rompendo as barreiras do cuidado e atenção imediatos — reclamados incessantemente pelo modo de ser neolítico-comunitário —, o desatamento dos nós que imobilizavam sua individualidade: suas faculdades e capacidades potenciais podiam agora experimentar a expansão dilatada a que o desejo e o sonho o habilitavam.

Mumford sente-se à vontade para dela falar desta forma:

> Em verdade, a partir de suas origens, a cidade pode ser descrita como uma estrutura especialmente equipada para armazenar e transmitir os bens da civilização e suficientemente condensada para admitir a quantidade máxima de facilidades num mínimo de espaço, mas também capaz de um alargamento estrutural que lhe permite encontrar um lugar que sirva de abrigo às necessidades mutáveis e às formas mais complexas de uma sociedade crescente e de sua herança social acumulada.[45]

Seu cotidiano de oscilação, contudo, era-lhe desafiador, estribando-se numa impressionante e complicada simbiose entre "concentração e mistura" e "isolamento e diferenciação": usufruía-se da felicidade de uma convivência sem atritos, do sentimento espiritual em comum, do contato sem restrições e da firme articulação de atividades produtivas; em contrapartida, amargava-se o horror do aparte das camadas sociais, da ausência de afeto e sensibilidade, da desconfiança constante, do cerceamento sem medidas e de uma "violência extrema".[46]

---

45 Id., ibid., p. 38s.

46 Id., ibid., p. 57. É realmente incrível a manutenção desse quadro descritivo, que guarda muitíssima semelhança com o que se poderia nos jornais do futuro, a respeito destes nossos dias de "normal" contradição. Determinadas com(tra)dições parecem não mudar nunca!

Prevalecendo significativos os valores adstritos ao chefe,[47] não é de causar espécie que os deuses da aldeia fossem desprestigiados, substituídos pelos[48] que se afinavam com sua projeção, influência e envergadura, distantes de seus novos adoradores. De forma semelhante, a carga mitológica que já povoava a mente ingênua destes se concretizara na impavidez dos monumentos urbanos.[49] Associando, de fato, imagem e imaginação, simplificou-se[50] a passagem da chefia à realeza, bem como a dominação sobre a maioria exercida por uma minoria detentora do manejo de armas — na esteira do que antes ocorrera, com menor intensidade, em ambiente aldeão.

A religião, destacando-se por reapresentar a realidade e travestir a natureza das coisas, fez aflorar a expectativa que viabilizou um poder[51] sem precedentes, concentrado na pessoa do rei. Desde o seu aparecimento, o santuário trazia incubados os atributos da nova cultura; o caráter íntimo e coletivo do recinto sagrado cimentara o alicerce que a cidade, como um fator de maior desenvolvimento humano, logo viria a requerer.[52] O temporal encontrou no sagrado um instrumento útil para projetá-lo, a seu talante, além dos limites comumente esperados; intensificavam-se internamente forças que operavam a coesão, enquanto extramuros e nos espaços adjacentes se alastravam as manobras de dominação.[53]

---

47 Um coletor de tributos (id., ibid., p. 43).

48 *E.g.*: o sol; a lua; as águas; o vento; o trovão; o deserto; a irracionalidade, bruta e imprevisível, do animal, *etc.*

49 Então fisicamente próximos, visíveis, palpáveis; e bem mais influentes, alçando a cidade, dado habitar ali a divindade, sobre a aldeia e o pequeno povoado rural.

50 Relativamente abreviada, tal mudança seguiu-se a outra, tecnológica (MUMFORD, loc. cit.).

51 Em Diamond, a evolução, passo a passo, do governo, da religião e da ideologia, de forma ímpar (*Op. cit.*, cap. 14).

52 Mumford, *Op. cit.*, p. 58.

53 Id., ibid., p. 45, 62.

Nutrindo ambições de todo tipo, também eram vigorosamente incentivadas as atividades de repercussão econômica. Meios e instrumentos apropriados[54] faziam mais duro o trabalho no campo com vistas a uma produção agrícola de maior porte, um *plus* destinado ao sustento dos que possuíam outra ocupação: além do próprio afã comercial, os diretamente envolvidos com a administração e funcionamento da cidade. O rígido controle dos excedentes agrícolas anuais gerava resultados totalmente contrários à relação firmada entre a aldeia e a natureza.[55] Com áreas cada vez maiores voltadas ao cultivo, estabeleceu-se uma relação de submissão e desigualdade iníquas, especialmente com referência aos agricultores.

Entrementes, com o passar do tempo e crescendo a cidade com rapidez, percebeu-se pela monopolização política, econômica e religiosa, a redução oportuna dos esforços de sistemática vigilância sobre os dominados — internos, circundantes e seus agregados;[56] com mera aparência[57] de justiça, excetuadas a unificação e integração, colhia-se o máximo possível de sustentação e adesão, o que não se daria sem o concurso de elementos apassivadores e chamativos, como os rituais e a magia que a religião comportava. Asfixiados pelo altar da morbidez, aqueles se preservavam, encurralados, ajustando suas pretensões às de seus dominadores. Com razoável sucesso, via-se frustrada a resistência à obediência cordata, sem questionamentos. Neste aspecto, ao se opor mediante variados expedientes às pressões oriundas da cidade como, por

---

54  Inclusive facilidade de transporte, também fluvial, e consequente comunicação a distâncias maiores.

55  Id., ibid., p. 44s. Cf., também as referências específicas a este respeito, feitas por Diamond (*Op. cit.*, p. 87s, 262, 285).

56  Id., ibid., p. 38s.

57  Lei e ordem constituíam, a princípio, não mais que a sombra cruel da força bruta; depois, a flâmula de uma pretensa disciplina, ainda assim a testemunhar a extraordinária capacidade de socialização exercida pela cidade (id., ibid., p. 56, 59s).

exemplo, a ignorância e o desentendimento,[58] o habitante da aldeia tinha melhor sorte que o súdito urbano.

Na cidadela, sempre murada, situavam-se as edificações que dentro e fora de seu perímetro se distinguiam das demais — as de cunho político (palácio), econômico (celeiro)[59] e religioso (templo): a substituição do santuário marcou em definitivo a união dos poderes secular e sagrado.[60] Amadurecida a realeza, os ritos ancestrais de fertilidade transmudaram-se num culto grotesco. O rei personificava o divino e encarnava a cidade; posto em risco o bem-estar desta por eventual desventura,[61] se lhes davam a autoridade e o favor por retirados; somente o sacrifício humano — no caso, o do rei — os restabeleceria. A prática, outrora voltada a atrair abundância e vida, descambou no paradoxo de uma perpetração absurda contra esta. Posteriormente, achou-se alternativa à desordem recorrente: imolava-se um substituto no fatídico cerimonial, o que por certo pode ter sido uma das origens da guerra — a doentia intenção de quem se deixava guiar pelo mote vil e obsessivo do poder.[62]

Cabe ponderar que por grande parte da História a nefanda instituição, ademais de espargir castigos a mancheias, constituiu privilegiada válvula de escape das frustrações e inconformidades, oprimido e opressor substituídos pelo inimigo que os aterrorizava ainda mais, o "outro" que invariavelmente viria atacá-los, com os deuses de sua cidade, em seu repositó-

---

58  Em oposição a esta acomodação, cabiam a revolta e a fuga, que não se prestavam a preservar a vida daquele que nem cidadão era, mas um cativo tributário (id., ibid., p. 47, 57, 61s).

59  A princípio, um grande armazém ou entreposto (id., ibid., loc. cit.).

60  Id., ibid., p. 44ss.

61  Até fenômenos de ordem natural.

62  O sangue — vida — era oferecido em libação a quem a havia dispensado, para que continuasse a fazê-lo. Vide Mumford, ibid., p. 48-52, e a instigante teoria de René Girard em *A violência e o sagrado* (São Paulo: Paz e Terra, 1990. passim).

rio de riquezas, alvo natural de incursões.[63] A expedita mobilização do contingente desnecessário na produção agrícola, à inteira disposição do rei, permitia que se desencadeasse entre as classes dominantes uma gana por mais violência, difícil de ser refreada.[64]

Um interessante paralelo para a guerra pode ser encontrado entre os assim chamados insetos sociais,[65] que muito antes do *homo urbanus* organizaram uma complexa comunidade, de partes altamente especializadas. À exceção da religião ou do sacrifício ritual, todas as demais instituições que acompanharam a ascensão da cidade — com destaque para a realeza — se acham ali presentes.

Ora, num misto de irracionalidade e magia, desde seu início a cidade fora configurada, material e institucionalmente, pelos inexoráveis propósitos da guerra, donde o seu aparelhamento defensivo externo de maior expressividade: a muralha, cuja estrutura constituiu a matriz palpável das ideologias de todos os tempos — além de seu objetivo mais óbvio, se prestava também ao controle interno e externo; estava impregnada das perspectivas de uma nova sociedade, da obtenção de melhoria econômica, do sentimento de civilidade, mas exprimia um desatino coletivo e, acima de tudo, em exercício reflexivo, lembrava a potente limitação cósmica, confinante, advinda da transcendência religiosa.[66]

Apesar de tudo o que possa ter trazido de proveitoso, a cidade também tem servido, através de quase toda a sua história, como receptáculo de uma violência organizada, transmissora de males; faltavam nela um princípio diretivo e a previsibilidade padronizadora do direito, permanecendo os inoportunos e problemáticos casuísmo e diferenciação. Poucas culturas lograram evitar isso, mantendo durante algum tempo sua base e estilo de

---

63 Mumford, *Op. cit.*, p. 60s.

64 Segundo Mumford, a tentativa de se encontrar a origem da guerra num passado de selvageria humana ou em seu caráter beligerante, natural ou biologicamente herdado, é claramente insustentável (ibid., p.53-55).

65 Id., ibid., p. 55.

66 Id., ibid., p. 53s, 56, 58s.

aldeia e se entregando, sem esforço, a um centro de comando aparentemente benigno[67] que suprisse suas falhas principais:[68] a acefalia dirigente e a ausência de escrita.

Já se aventou que a cidade teria surgido por volta de 3500 a.c., sob condições geofísicas muito favoráveis, no que se convencionou denominar de Crescente Fértil. Em processo contínuo, se alastrou pelo mundo afora,[69] sobretudo pela atividade dos vários impérios — um contraponto às cidades-estado. Tal expansão exorbitante revela, pode-se deduzir, a perversa preocupação com um retrocesso que sem dúvida ocorreria, restringido o poder obtido e expondo, a um só tempo, a tênue costura do complexo imperial que tentava consumi-las. A admirável resistência de algumas delas, como por exemplo Jerusalém, deveu-se possivelmente à arregimentação do melhor que o ambiente rural, em sua rude simplicidade, produziu e lhes legou, como a ausência completa de sofisticação e uma expectativa inamovível.[70]

Para reforçar o inusitado, cientistas anunciaram recentemente, em 25 de janeiro de 2002, a descoberta de resquícios da mais antiga cidade do mundo — 7500 a.C. — na costa de Surat, oeste da Índia, apontando para uma cultura que acabou submersa a 40 m de profundidade, no atual golfo de Cambay. Foram encontrados peças de madeira, pedaços de potes, fósseis de ossos e assemelhados a material de construção: havia ali, por igual, pátio, escadaria, banheiro e uma espécie de templo, tudo levando a crer tratar-se de uma civilização como a de Harapa,[71] mas muito mais antiga.[72]

---

67  Id., ibid., p. 55s.

68  Id., ibid., p. 59.

69  Vide Sjoberg (*Op. cit.*, p. 37ss e 45). As vantagens daquela região acham-se em Diamond, *Op. cit.*, p. 134-143.

70  Mumford, *Op. cit.*, p. 62-65. Sjoberg, ibid., p. 43s.

71  Id., ibid., p. 138, para referência.

72  Na Índia, a mais antiga de todas as cidades — *estadao.com.br*, São Paulo, 17 jan. 2002. Geral. Disponível em: <http://www.estadao.com.br/editorias/2002/01/17/ger006.html> Acesso em: 17 jan. 2002. Vide, igualmente,

O início do II milênio a.C. vem encontrar na Suméria cidades já consideravelmente grandes, com dezenas de milhares de habitantes. Canais de irrigação transformam pântanos e desertos em campos, pastagens e pomares. Dentro da cidade há propriedades individuais; o campo pertence às divindades.[73] Em meados do III milênio surge na Assíria o primeiro império estável, que resultou em algumas cidades residenciais, nas quais o palácio se destaca, e no aumento de outras — as capitais — cuja estrutura concentra política e comércio.[74] A expansão e incorporação de outras localidades à sua esfera de influência tornou-se tendência, seus líderes guerreiros formando redes na Mesopotâmia e mais tarde impérios como o assírio e o persa.[75]

Como expõe Mumford, com grande acuidade, "os triunfos periféricos da cultura urbana compensaram seu fracasso central — seu compromisso com a guerra como elixir do poder soberano e o mais eficiente purgativo para o descontentamento popular com aquele poder".[76]

## 1.2 Raízes da crise contemporânea

A ascensão e queda de um número tão significativo de cidades, ocorrido ao longo da História em todo tempo e lugar, impõe que se questione, como faz Sjoberg,[77] a responsabilidade pela continuidade e fixação do fenômeno urbano, com todas as exigências que lhe são peculiares, na experiência diuturna da civilização humana. Merece crédito o conhecimento

---

[S. t.] *Gazeta do Povo*, Curitiba, 26 jan. 2002. Caderno 1. Entrelinhas. v. 83, n. 26.392, p. 2, colunas 5 e 6.

73  Benevolo, *Op. cit.*, p. 27.

74  Id., ibid., p. 32.

75  Kleniewski, *Op. cit.*, p. 52s. Também, Sjoberg, *Op. cit.*, p. 44ss.

76  *Op. cit.*, p. 53.

77  Id., ibid., p. 46.

especializado a este respeito, transmitido, oralmente ou por escrito, pelos impérios — fomentadores natos da vida nesse meio[78] por eles desenvolvidos, por si mesmos ou a partir de outras influências de ordem externa, e levado até seus mais remotos limites, com a formação administrativa e técnica de povos conquistados interessados e aptos a recebê-lo. Devido à tormentosa escassez, sempre presente, de funcionários disponíveis — dispostos a viver em isolamento e sob uma cultura diversa da sua —, aliada a uma prática política de razoável tolerância para com as lideranças locais ávidas por cooperar ou convencidas a isso,[79] essa contribuição, tão decisiva para a geração de uma espécie de elite culta,[80] veio a manter viva a chama da urbanidade uma vez alcançada a libertação do cruel tacão do opressor: eis o porquê, apesar do íngreme declínio do Império Romano, de suas cidades não terem desaparecido por completo.

Bem ao contrário do que se poderia normalmente esperar, muitas permaneceram bastante ativas na Europa durante toda a Idade Média, tornando-se sede de atuação de vários próceres políticos e religiosos além de servir-lhes como local de residência. Não obstante, alguma influência peculiar do tino expansionista de Roma — incidente nesse caso sobre os impérios orientais, cujo desenvolvimento cultural lograria ultrapassar o do Ocidente devido a diversos fatores, dentre os quais o estabelecimento de expressivos vínculos comerciais e um intercâmbio cultural marcante — retornou àquela região, prestando auxílio no assentamento dos alicerces da futura re-

---

78  De modo acentuado por intermédio da guerra, que paradoxalmente usava destruir as cidades que encontrava pela frente (id., ibid., p. 45).

79  O que as conservava, de algum modo, no poder. As visitas de emissários oficiais eram esporádicas, para inspeção e prestação de contas, enquanto que seu envio para uma presença contínua se constituía em verdadeiro castigo.

80  Sjoberg (loc. cit.) apresenta, inclusive, o exemplo do Império Romano.

volução industrial que veio a alterar as cidades radicalmente, em sua essência e delineamento.[81]

No curso dos séculos XV e XVI, de acordo com Kleniewski,[82] três fatores contribuíram de forma assaz relevante para que enfim surgisse na Europa uma nova base, o capitalismo: as transformações na natureza do feudalismo, o incremento na produção de manufaturas e o surgimento da burguesia.[83]

Ora, o sistema econômico feudal possuía uma natureza fundamentalmente agrária, produzindo em geral relações sociais de estrutura simples e hierarquizada, com poucos grupos assumindo posições bem determinadas, tudo sob o amparo dos interesses e conservadorismo da Igreja e das guildas.[84] A mudança desse quadro se deu com a intervenção do Estado em substituição à rigorosa e sufocante influência eclesiástica e corporativa, conduzindo aquele tipo de sociedade a se caracterizar muito mais por suas relações monetárias, afins ao mercado e alimentadas por uma proposta individualista derivada de uma ética protestante — se não paternalista, ao menos reguladora, embora desse ao lucro ares de sagrado — ainda acalentada pelo liberalismo clássico que, por expresso repúdio às limitações governamentais e às restrições da disciplina anterior, minou irremediavelmente o rígido arcabouço feudal.[85]

Conquistada a autonomia política urbana, aliada à migração intensa em busca de salários, resultante do aperfeiçoamento técnico no manejo rural e o consequente desem-

---

81 Id., ibid., p. 47s.

82 *Op. cit.*, p. 62.

83 Acerca da qual Riccardo Mariani se refere em *A cidade moderna entre a história e a cultura*. São Paulo: Nobel, 1986, p. 7, como sendo a entidade que não se pode ter, jamais, por determinada e homogênea.

84 Via corporações de ofício __ as guildas __, que congregavam as mais diversas categorias de artesãos.

85 Hunt, E. K.; Sherman, Howard. J. *História do pensamento econômico*. 19. ed. Petrópolis: Vozes, 2000, caps. II e III.

prego sem precedentes, a atividade manufatureira, tal como o comércio, acompanhou o crescimento das cidades.[86] Através da absorção de mais mão-de-obra, a produção cresceu e se direcionou preferencialmente para a atividade mercantil com o exterior, exercida, sobretudo, por via marítima, já que as cidades envolvidas eram costeiras ou ribeirinhas.

Os centros urbanos da Europa desenvolveram então uma rede de laços econômicos, com a formação de parcerias entre si e com cidades de outras partes do mundo. Além de bastante atraente, o mercado internacional crescia bem mais rapidamente do que o doméstico, requerendo uma produção tenazmente voltada à exportação: um caminho sem volta, que conduziria à superação dos vetustos conceitos e alvos medievais.[87]

Acrescente-se a isso o aparecimento de um novo segmento social, composto por habitantes das cidades e ligados ao seu dia-a-dia, distinto dos até então tradicionalmente conhecidos — a burguesia, que foi aos poucos ganhando uma influência que pertencera exclusivamente à Igreja e aos senhores de terra feudais. Com a conquista efetiva de poder político, uma dinâmica adequadamente sintetizada por Mariani[88] que os levou ao controle das instituições sociais, seus integrantes lideraram os movimentos que fizeram valer a lei civil junto às autoridades eclesiais ou senhoriais, substituindo dessa forma — ao sobrepor o *status* do dinheiro ao da terra, como forma de propriedade — as velhas relações que manietavam o feudalismo pelos direitos individuais.[89]

---

86  A elas só restava se especializar nisso congregando lado a lado artesãos e mercadores, o que de fato aconteceu, criando-se daí as instituições locais adequadas, inclusive, para a educação primária secular.

87  Kleniewski, *Op. cit.*, p. 61s. Vide, também, Sjoberg (*Op. cit.*, p. 48), que apenas indiretamente relaciona a evolução da cidade industrial à autonomia política das medievais, cujo declínio já se havia iniciado ao término daquele período.

88  *Op. cit.*, p. 5-17.

89  Kleniewski, loc. cit.

No começo,[90] com um figurino mercantilista,[91] o capitalismo se afirmou nos centros estratégicos, ou seja, em praças de localização privilegiada,[92] somente vindo a adquirir uma feição mais industrial na Inglaterra, dois ou três séculos adiante. O advento das inovações tecnológicas que mecanizaram a indústria foi estimulado pela gradativa diminuição dos lucros obtidos com a atividade comercial em si, em idêntica proporção, dada a redução dos custos, ao crescimento dos auferidos com a produção de bens destinados à mesma finalidade.

Indubitavelmente, a maior invenção da época foi a máquina a vapor,[93] cujo emprego industrial se iniciou na década de 1700. Integrada grande parte do mundo ocidental num único sistema econômico,[94] dominado por cidades europeias,[95] Watt e Boulton, já corrigidas algumas deficiências operacionais,[96] a lançaram em larga escala no final do século XVIII, propiciando uma divisão abrangente do trabalho — exteriormente, um centro e uma periferia; internamente, vários estados-nação competitivos.

Determinados países, se enriquecendo cada vez mais, tinham a seu encargo a coordenação e o controle do sistema, ao passo que os periféricos — que proviam mão-de-obra e

---

90  Kleniewski (*Op. cit.*, p. 63) situa em 1400 o início do estabelecimento de laços comerciais consistentes entre diferentes regiões do mundo. Por volta de 1600 fazia-se notável o esforço de Espanha e Portugal em se imporem imperialistas, ao qual se seguiu o da Holanda.

91  Para Mumford (*Op. cit.*, p. 445), o mercantilismo foi uma política de Estado que "(...) revelou ser apenas uma fase de transição".

92  Dentre outras, Londres, Antuérpia, Hamburgo, Marselha, Augsburgo, Lisboa e Amsterdã.

93  As assertivas de Diamond a este respeito são assaz importantes, desmistificadoras e intrigantes (*Op. cit.*, p. 241-245.).

94  A denominada economia mundial.

95  Destacadamente as inglesas.

96  Hunt, Sherman. *Op. cit.*, p. 55s; mas não o ruído, como ironicamente, anota Mumford ( *Op. cit.*, p. 512).

matéria-prima, e que ainda consumiam os seus produtos — retinham apenas uma porção reduzida dos lucros, o que favorecia a manutenção de sua condição de pobreza — ainda que a fragmentação política dos primeiros, que os fazia competir economicamente, prevenisse, ao mesmo tempo, que qualquer deles isoladamente viesse a galgar uma permanente posição de domínio sobre o mercado livre transnacional, uma abstração impessoal onde o mito da produtividade deixara para trás qualquer chance de proeminência municipal e respeito mínimo aos operários.[97]

Com aguda perspicácia, Mumford alega que "em relação à cidade, o capitalismo foi, desde o princípio, anti-histórico: e quando suas forças se consolidaram, no decorrer dos últimos quatro séculos, seu dinamismo destruidor havia aumentado. As constantes humanas não tinham lugar no esquema capitalista: ou melhor, as únicas constantes que reconhecia eram a avareza, a cupidez e o orgulho, o desejo de dinheiro e de poder".[98]

Tão logo foram postas abaixo suas muralhas fortificadas as cidades feudais,[99] iludidas quanto ao valor de um crescimento constante e ilimitado, se expandiram lenta, mas inexoravelmente, sacrificando suas características naturais em favor de uma máxima utilização do espaço. A ignorância, a desorganização e a irresponsabilidade se afinavam com a nova lógica do capital, de rotina plana, em detrimento da complexidade da vida no recipiente, corroendo este último. Na ausência de um planejamento orgânico e funcional, o congestionamento urbano fazia má companhia à preocupação com o lucro inescrupuloso, comprometendo a circulação na cidade liberal

---

97 Muitos deles desajustados e não preparados para viver numa sociedade densa, abusiva e com regras e usos que não lhes haviam sido ensinados nem lhes fora permitido conhecer pç(Mariani, *Op. cit.*, p. 8, 14s).

98 *Op. cit.*, p. 448s.

99 À semelhança das cidades antigas, continuavam a atividade bélica e também as invasões, guardadas as devidas proporções.

enquanto a especulação imobiliária grassava sem peias. O dinheiro era a suprema virtude, fazendo com que a perspectiva humanista cedesse lugar à fria e degradante mercancia, que enxergava e tratava a coisa pública como se fosse privada.

Tamanha e impiedosa decomposição física, aliada a uma degradação moral assaz repugnante,[100] representava a absoluta alienação da dura espoliação comercial e da atividade industrial desumana em relação à frágil dinâmica social e seus processos, olvidando as funções urbanas mais comezinhas e tornando a miséria algo a ser aceito como normal; em decorrência, a marginalidade e a violência naturalmente se alastravam.

Para Mumford, "os principais elementos do novo complexo urbano foram a fábrica, a estrada de ferro e o cortiço".[101] A fábrica assumia posição de destaque em relação aos demais, em detrimento destes e imprimindo desordem à cidade; a ferrovia levava o lúgubre e soturno envoltório da mina por onde passava; e o cortiço era o sórdido esconderijo do ser humano[102] das classes menos favorecidas. O crescimento, agora muito mais rápido, criava um verdadeiro labirinto de desacertos de todo tipo, no limite extremo do que poderia ser suportado por tantos desgraçados. Os patamares mínimos de saúde sequer eram tangenciados: fuligem e cinza, resíduos das intermináveis torrentes de fumaça negra, minavam a saúde e impediam quaisquer atividades ao ar livre; ruídos excessivos e odores desagradáveis enfraqueciam e esgotavam a vitalidade, inclusive psicológica; o esgoto humano e industrial a céu aberto, que emporcalhava os córregos e contaminava os poços, permitia a livre proliferação de insetos, roedores e bactérias indesejáveis.

---

100  Vide Mariani, *Op. cit.*, p. 14s.

101  Ibid., p. 496.

102  Nem mesmo as classes média e superior, empobrecidas, possuíam uma habitação que se pudesse qualificar como algo decente.

Reações esboçadas para alteração desse quadro,[103] deflagradas por grupos específicos e pela opinião pública[104] — sobretudo quando as epidemias começaram a adentrar as residências sem distinguir condição social —, desaguaram em leis sanitárias e propostas de organização social e habitacional. Estas últimas chegaram a empolgar, mas adversidades políticas não permitiram sua concretização; as primeiras só foram aplicadas mais tarde. Ambas, no entanto, prenunciavam mudanças, tão necessárias quanto efetivas. A tendência de se habitar nas adjacências da cidade — periferia ou subúrbio — possuía raízes históricas, não significando novidade alguma.[105]

Meio conveniente para as investidas independentes e o escape obrigatório — um alívio comum do nauseante núcleo urbano, cada classe ocupando uma área distinta —, a circunvizinhança logo foi integrada num todo, lamentavelmente também desprovido de planejamento adequado. Em menos de uma geração, traduziu-se no inverso daquilo que inicialmente parecia vir a ser.[106]

A segunda metade do século XIX traz a lume a cidade pós-liberal com um renovado padrão urbano, "no qual os interesses dos vários grupos dominantes — empresários e proprietários — estão parcialmente coordenados entre si, e as contradições produzidas pela presença das classes subalternas são parcialmente corretas".[107] Interesses privados, destacadamente os de natureza imobiliária, foram realocados pela administração pública, que garantiu para si o mínimo de espaço capaz de lhe permitir tornar toda a cidade funcional. Sobretudo a preocupação com a higiene, graças ao progresso cien-

---

103 Como as encabeçadas por Robert Owen e Charles Fourier.

104 Acerca de levantamentos estatísticos e sua crítica, vide Mariani (*Op. cit.*, p. 44-54.).

105 Mumford, *Op. cit.*, p. 521-526.

106 Benevolo, *Op. cit.*, p. 565s.

107 Id., ibid., p. 573.

tífico, conduziu à melhoria dos serviços municipais em geral, de propriedade e operação coletivas; isto é, os melhoramentos foram socializados, muitos deles situando-se em redes, sob a superfície do solo.

O que havia mesmo de alvissareiro nisso tudo era a diminuição do índice de mortalidade, inclusive infantil, a preocupação com o humano, perceptível nas normas regulamentares da organização urbana e, ainda, o acento romântico no trato do paisagismo. Por outro lado, a questão do congestionamento parecia não ter mesmo solução. A cidade seguia se expandindo cada vez mais; suas áreas limítrofes alcançavam uma densidade indesejável. Apesar das contribuições visionárias de Piotr Kropotkin e, sob sua influência, Ebenezer Howard, para o planejamento das grandes cidades, o que havia de pior no ambiente industrial persistiu no burguês: os meios técnicos eram outros, mas hábeis apenas em maquiar a feiúra e contradição dos sulcos indeléveis que haviam produzido.

Com acerto, Mumford aduz que, no caso de um regime cujas invenções-chave vieram da mina, não deveria causar espécie que justo o túnel e a via subterrânea viessem a ser sua contribuição original à forma urbana;[108] e de modo bastante típico, acrescenta, tais melhorias derivavam-se diretamente da guerra: antes, na cidade antiga; depois, na intrincada tarefa de penetração e solapamento, essencial para superar a fortificação barroca.

Visto com olhos bem abertos, o incômodo modelo imposto a uma sociedade europeia sem outras opções,[109] de influência tão penetrante, era um autêntico engodo. A paradigmática Paris do Barão Haussmann[110] é descrita por Benevolo como um conjunto de espaços que "perdem sua individuali-

---

108  *Op. cit.*, p. 518.

109  Com diferenças ocasionais em relação às cidades coloniais e americanas.

110  Prefeito da cidade a partir de 1853.

dade e fluem uns nos outros".[111] O estorvo do incessante fluxo de pessoas e veículos faz dela um "espetáculo sempre mutável". Em meio ao apinhado e à concentração, constata-se o paradoxo do individualismo e do isolamento. O privado e o público se contrapõem: de um lado, residências e locais de trabalho isolados entre si, assim como ambientes coletivos fechados, acanhados; do outro, "a 'calçada' e a 'via pública', onde cada um se mistura necessariamente com todos os outros e não é mais reconhecido".

A cidade moderna, a metrópole, caracteriza-se por uma franca incongruência frente ao que se poderia esperar de uma civilização cujo desenvolvimento, dada sua expressividade, tem a possibilidade de tangenciar seu limite último; de acordo com Mumford, tendo chegado a uma "forma universal"[112] e possuidora de uma "economia dominante" sob qualquer espectro ideológico, tem se esquecido de que, do ponto de vista histórico, tal concentração de poder prenuncia a fase final de um ciclo que se esgota, em completa derrocada e decadência, até seu ressurgimento alhures,[113] para dar cumprimento à dialética própria da mesma civilização. De fato, as áreas urbanas nas quais ainda não tenha ocorrido um acentuado aumento populacional[114] vêm avançando de modo impiedoso e irresponsável sobre o espaço rural, reservado efetivamente ao cultivo e à pecuária.

A ciência e a tecnologia, com vistas ao lucro de toda espécie, conduzem a uma superespecialização que fez expoente o melhor e o pior da humanidade, o mais sublime e o mais torpe, encoberto, camuflado ou exaltado por uma mídia onipresente. O desafio de trazer alguma consciência a essa ci-

---

111  *Op. cit.*, p. 595.

112  *Op. cit.*, p. 567-611.

113  A resistência de algumas cidades constitui exceção.

114  A densidade observável, hoje, em diversas megalópoles, iniciou-se no curso do século XIX, trazendo consigo significativas alterações qualitativas.

dade espetacular e virtual,[115] a fim de refrear seus processos de aniquilamento e morte, necessita ser encarado com profunda seriedade, sem a ingenuidade dos movimentos que soem acontecer à parte de qualquer consideração acerca do futuro do ser humano.

Brutalizada em seu agigantamento desmesurado, e sufocada por uma incrível burocracia, seu mecanicismo parece não possuir um alvo estabelecido; a cidade vai se perdendo sem história em relações abstratas,[116] apesar da existência atual de inúmeras facilidades capazes de proporcionar benefícios a todas as comunidades, das periféricas às mais distanciadas. Mesmo presente em áreas suburbanas, extraurbanas e rurais, a aglomeração não esvazia a metrópole. Há também os problemas da escassez de água, do congestionamento do trânsito e da fragilidade da segurança, tudo isso com um custo deveras elevado.

Diferente do que ocorreu nos países que a colonizaram,[117] a América Latina teve sua urbanização marcada por uma degradação ambiental em larga escala, lenta e restrita, a princípio, a algumas regiões. Os recursos auferidos de sua economia, antes predominantemente voltada para a exportação de bens agroindustriais, foram empregados na consecução dos interesses dos proprietários rurais de maior expressão e da burguesia mercantil. Modernizada a agricultura, e com a inversão econômica em direção à importação, o processo de urbanização avançou praticamente sem controle, em descompasso com o avanço tecnológico.[118]

---

115 Binária...

116 Quer dizer, virtuais, o que pode ser real nos países desenvolvidos, mas que se dá tão-somente em tese naqueles ditos em desenvolvimento.

117 Portugal e Espanha, tendo por sombra a Inglaterra em primeiro plano.

118 Há que se distinguir a mera mecanização da industrialização propriamente dita.

A adoção[119] relativamente recente de um modelo de desenvolvimento eivado de equívocos tornou ainda mais evidente a dificuldade no acúmulo de pessoas em cidades, com evidente despreparo para evitar a consequente segregação — acentuada a cada melhoria urbanística realizada na zona sob regulamentação — que acabaria por se seguir[120] sem que nada além de equipamentos mínimos fossem tornados disponíveis em áreas periféricas marginais e zonas centrais decadentes, sobretudo para que as comunidades possam conviver, diminuindo o mal-estar geral de uma nefasta reprodução da dependência de toda ordem instalada nos países periféricos pelos centrais.

Assim, Manuel Castells tem plena razão quando explicita que o processo de urbanização da América Latina, de acordo com o binômio já apontado, não significou seu ingresso no mundo da modernização;[121] pelo contrário, no que concerne especificamente ao âmbito das "relações sócio-espaciais",[122] só serviu para piorar as indesejáveis contradições de um sistema capitalista mundial injusto, de ética duvidosa, cujo ateísmo prático se faz patente e reconhecível a cada movimento que logra fazer.

No Brasil, onde essa realidade é sobejamente conhecida, conforme relatam Francisco Salvador Veríssimo, William Seba Mallmann Bittar e José Maurício Saldanha Alvarez,[123] as

---

119 Sem qualquer eufemismo, a imposição.

120 Manifesta na irregularidade e carência de planejamento quanto à ocupação, com casas construídas aleatoriamente e de improviso, em que se sobressaem terrenos desprovidos de documentação legal (Benevolo, *Op. cit.*, p. 703-726, com fotos e ilustrações de grande expressividade).

121 Castells, M. *A questão urbana*. Rio de Janeiro: Paz e Terra, 2000. p. 77-110.

122 Circunstância especialmente relevante para o presente trabalho a ser objeto de análise mais adiante, no capítulo 3.

123 Veríssimo, F. S.; Bittar, W. S. M.; Alvarez, J. M. S. *Vida urbana*. Rio de Janeiro: Ediouro, 2001. cap. 2.

primeiras cidades nasceram no litoral segundo o modelo empregado em Portugal, quer dizer, nas elevações e cercadas de muralhas — o que, considerada a vulnerabilidade destas, só deixou de ser observado nas últimas décadas do século XVI, com o aparecimento de inovações de natureza bélica, o desenvolvimento de outras táticas defensivas e ante a necessidade de uma maior proximidade dos portos, em função da realização de trocas mercantis. Com a chegada da Família Real ao país, a fórmula lusitana, já reproduzida na maneira de ocupação do solo, se repetiu com poucas modificações na criação de praças, com seus coretos, e no traçado das ruas.

Libertados os escravos e com a chegada de imigrantes, levando-se ainda em conta as ondas migratórias da área rural,[124] a infraestrutura das cidades, definitivamente, não estava pronta para um fluxo mais significativo de pessoas, o que repercutiu na inadequação dos serviços. Logo os morros, o centro e as áreas suburbanas foram sendo ocupados; surgiram habitações coletivas, os edifícios foram substituindo as casas e, obviamente, uma especulação imobiliária mais agressiva não tardou a se manifestar. A indisfarçável pobreza de uma população sem educação formal, qualificação ou oportunidade de trabalho digno gerou sua aglomeração em áreas determinadas; a diminuição ou ausência de melhoria na qualidade de vida já perdida fez-se acompanhar do esfacelamento social.

Como explica José Geraldo Vinci de Moraes, se no Rio de Janeiro mulatos e negros se identificavam não só pela cor de pele, mas também pela pobreza, em São Paulo esta última se distribuía entre os imigrantes — sobretudo os de origem italiana — os caipiras e os negros, agravada especialmente a situação dos nordestinos. Parte considerável da massa urbana, desempregada ou subempregada, sobrevivia da informalidade; o ambiente por ele descrito é desolador:

---

124 Nesse sentido, pode-se observar a problemática interna e externa referente aos produtos primários, a instalação de fábricas dentro das cidades, a formação dos latifúndios improdutivos e a mecanização da agricultura.

Como é possível perceber, esse desmedido crescimento urbano e da população gerava uma série de tensões nas cidades. Geralmente os velhos centros das cidades se deterioravam, as ruas e ruelas dificultavam o trânsito, o transporte e a iluminação pública não cresciam na mesma proporção da população, o abastecimento de água e de alimentos tornava-se difícil e a pobreza multiplicava-se a olhos vistos. Além disso, a falta de saneamento básico e de higiene pública criava um quadro propício para a proliferação de doenças e epidemias.[125]

O controle social abusivo que as elites sempre buscaram impingir ao povo comum compõe a receita da criminalidade violenta nos núcleos urbanos — que a repressão ignorante e opressiva só fez recrudescer, algo, enfim, muito conhecido nesta terra desde os seus primórdios.[126]

A crise que tem assolado o meio urbano de um modo tão cruel, dilapidando-o, é o resultado indissociável desse processo sem peias, devastador da vida humana. Segundo Edward Christie Banfield,[127] no entanto, convém refletir cuidadosamente sobre a natureza dos problemas que acometem indivíduos e grupos no ambiente construído e não apenas nele — que embora os alvejem, em verdade não lhes pertencem todos —, e que repousa no olvidado descompasso entre o desempenho e a expectativa, merecendo não apenas uma solução técnica, mas, sobretudo, política. Postas de lado as usuais confusões semânticas e ideias preconcebidas, a atitude mais apropriada é lidar sempre com o que seja real, estabelecendo prioridades entre as questões que efetivamente reclamam providência inadiável e em benefício da coletividade.

---

125 Moraes, J. G. V. de. *Cidade e cultura urbana na primeira república*. São Paulo: Atual, 1998. p. 40-44.

126 A este respeito, Veríssimo; Bittar; Alvarez, *Op. cit.*, cap. 3.

127 Banfield, E. C. *A crise urbana*. Rio de Janeiro: Zahar, 1979. p. 11-35.

Kleniewski assinala como características próprias da cidade:[128] ser uma "invenção social", na qual se conjugaram conhecimento e poder sobre uma população local; possuir um conjunto de elementos físicos e sociais distintivos, tanto em relação à aldeia quanto ao povoado, além de cumprir funções não somente econômicas, mas políticas e simbólicas; e sua fragilidade econômica e política. Pode-se acrescentar que a violência, não obstante não ter tido nela sua origem, esteve presente desde o primeiro momento na vida urbana, onde se desenvolveu privilegiadamente, da mesma forma que a crise[129] de hoje, que não partiu da cidade, mas nela se manifesta: não são eventos típicos do ambiente artificial, mas justo nele se fazem sentir seus mais terríveis efeitos.

---

128  *Op. cit.*, p. 68.

129  Jacobs (*Op. cit.*, p. 139) recorda que o ideograma chinês para "crise" compõe-se dos símbolos de "perigo" e "oportunidade", idiossincrasias da vida humana e da experiência pessoal, mas também da coletiva.

## 2. A Disciplina Legal do Meio Urbano

Realizada uma leitura, mesmo que sucinta, de alguns elementos históricos de maior expressividade com respeito ao meio urbano — seu surgimento, desenvolvimento e crise —, prenhes de virtude e desgraça,[130] passamos ao apontamento e análise das circunstâncias próprias de nossa disciplina, ainda mais por achar-se elevada ao patamar constitucional.

Tal destaque há de comportar, no entanto, um significado superior ao de mera fixação estática de um ideal, da simples previsão de uma cidade a que se teria direito e que desempenharia um papel emoldurado: somente assim existirá chance de o ser humano a ela se relacionar plenamente, condicionando sua realidade ao invés de somente aguardar sua conformação a um alvo proposto.

---

130 A violência cumpriu e cumpre, até agora, esse papel desairoso. Enquanto interna, promovia a ultrapassagem de seus muros, multiplicando-se em novas matrizes através das quais voltaria, ato contínuo, a se alastrar; externa, conduzia a duras perdas e, com frequência, à destruição, temporária ou mesmo final. De um modo e/ou de outro, sempre a marcou como um indelével sinal, tendo encontrado na cidade seu *locus* mais propício à expansão, no qual também, ao longo dos tempos, se tem refinado sem prejuízo para sua inescrutável, insana e primitiva brutalidade.

Em seguida aos necessários desdobramentos — recém-positivados, em diploma autônomo[131] — da potencialidade legal acima mencionada, é imperativo o enfrentamento de cada instrumento jurídico apto a tornar viável sua atualização, verificando-se, além da observação de condições obrigatórias para uma implementação adequada e eficaz, suas características e possibilidades, ou não haverá nada a se esperar: nada que vá adiante da inutilidade e engodo de uma forma vazia, sem vida, que com seu irrisório e inócuo efeito latente não se legitima.

## 2.1 Plenitude constitucional

Em quais termos se vê colocado, e por que motivo, o cuidado da cidade na Constituição de 1988, reconhecendo-se finalmente a sua importância? Que repercussões podem e devem ser aguardadas a partir de tal atitude pioneira do Constituinte?

Ora, a formulação das questões em si já traz à mente o fato inegável de que não existe no exercício do Poder o menor traço de acaso sob qualquer de suas manifestações, e sim opções, vontades, sempre vinculadas e consequentes.[132] Quanto à elaboração legislativa *per se* as escolhas são feitas, no propósito do estabelecimento de uma disciplina, conforme a necessidade das diversas matérias que a animam, sobretudo as mais caras em seu âmbito maior, ou seja, de acordo com a abalizada dicção de Uadi Lammêgo Bulos,[133] a daquele "*organismo vivo, cujo escopo é delimitar a organização estrutural do Estado, (...) através de um conjunto de normas jurídicas,*

---

131 O chamado Estatuto da Cidade (Lei n.º 10.257, de 10 de julho de 2001).

132 Seria ingenuidade pensar que acontece um agir político que não seja atrelado a influências e concepções antecedentes, interiores e exteriores, reativo e gerador de outros agires.

133 Bulos, U. L. *Constituição Federal anotada*. São Paulo: Saraiva, 2002. p. 2s.

(...) em íntimo vínculo dialético com o meio circundante", [a constituição] que implementa uma nova ordem jurídica, "um novo Estado", logo que se dá sua entrada em vigor.

É oportuno, nesse ínterim, recordar a observação de Cristiane Derani[134] de que a norma jurídica — a lei, num sentido amplo — é um meio de exteriorização, um dos modos pelos quais se pode obter a compreensão do "conteúdo político de uma específica organização social", hoje fonte principal[135] do Direito que a abriga, sem contudo esgotá-lo.[136]

O contrário disso, isto é, reduzir o Direito a simples ideação, desprovida de amparo na realidade, só vem descaracterizá-lo enquanto seu privilegiado agente transformador, perdendo também a norma seu caráter de referência essencial coletiva para limitar-se a reles escrito, sobreposto sem nenhum senso crítico à própria realidade que mal se conhece, em sua vertente profunda, para mantê-la inalterada, dominável, domesticada, pronta à consecução de fins estagnados, interesses individuais e de grupos que não se renovam nunca.[137]

Portanto, para que se realize uma análise dinâmica e coerente, inclusive da norma de perfil constitucional em integração de interpretação e aplicação, é conveniente o prévio esclarecimento acerca do Direito de que se fala e se deseja falar, visto o seu engaste fixo no conjunto homogêneo de relações fundamentais de produção — sejam elas de natureza política, econômica, ideológica ou social — que traduz com nitidez cada sociedade como realmente é, de cuja cultura ele brota e na qual pode se desenvolver e evoluir pelos parâmetros éticos e teleológicos que venha a propor, bem como pelas respostas

---

134 Derani, C. *Direito ambiental econômico*. São Paulo: Max Limonad, 1997. p. 25, 34ss, 54, 56.

135 Cf. o artigo 4.º, do Decreto-Lei n.º 4.657, de 4 de setembro de 1942 (Lei de Introdução ao Código Civil).

136 Sem que isso resulte em seu demérito...

137 Cultivando-se o doentio privilégio de poucos em detrimento do infortúnio da maioria da população.

aos embates surgidos em seu seio, trazidos a seu crivo. Para atingir a almejada e indispensável compreensão unívoca, livre de possíveis dubiedades, a respeito do destaque que queremos abordar,[138] e antes de deslocarmos para este nosso foco de atenção, basta o exame em linhas teóricas gerais de alguns de seus elementos mais importantes, em seguida à sua origem remota e ao eixo que permite ao conjunto social brasileiro gravitar.

Ontologicamente, o Direito foi constituído na esteira imediata da emergência da cidade. Sem qualquer ousadia ou exagero, podemos dizer que foi nela, com efeito, que se deu a conhecer como um fenômeno preciso.[139] Fazendo menção à sua essência, Mumford[140] argumenta que "é o 'comportamento previsível', que a sociedade torna possível por meio de regras uniformes, critérios uniformes de julgamento, penalidades uniformes para a desobediência", e mais ainda, que nesse particular as inúmeras diferenças locais anteriores — esparsas, portanto — não passaram de articulações eventuais, sem possuir significado ao menos razoável ou conexão a uni-las.

Logo, o Direito em si é um produto[141] direto e evidente da urbanidade, nela contido desde os seus primeiros instantes, concentrada intramuros e assaz incipiente à luz das formações humanas de hoje, embora já postas suas intrínsecas exigências de previsibilidade e uniformização traduzidas por controle e ordem — que cresceram com o advento das cidades-estado e se aperfeiçoaram na complexidade dos impérios.

O Brasil, leia-se, a invenção histórica do invasor mercantilista lusitano, caminhou por essa trilha comum, tendo o seu mito fundador — sua elaboração cultural — gerado nos

---

138  A saber, a questão legal referente à cidade, cujo fulcro se encontra na disputada e multifacetada questão do tratamento dado a seu solo.

139  Entenda-se de uma ou de outra maneira: tanto de contorno reconhecível quanto necessário.

140  *Op. cit.*, p. 59s.

141  Mas de que natureza? A princípio, político-religiosa (id., loc. cit.).

séculos XVI e XVII, como explica Marilena Chauí,[142] sido composto por itens consistentes como a natureza paradisíaca, a vocação futurista e o messianismo político,[143] não sem o concurso de inúmeras contradições, muitas delas sufocadas tempo afora.

Como decorrência e reafirmação desse imaginário mítico-ideológico, ainda tão presente por fomento de uma sociedade de ranço autoritário, podem ser arroladas as seguintes marcas[144] que a identificam: estrutura de matriz senhorial, de igualdade formal perante a lei a partir de relações privadas, de lastro mando/ obediência; indistinção entre público e privado; práticas nacionalistas bloqueadoras de conflitos e contradições; e fascínio por sinais artificiais de prestígio e poder.

O Direito, como leciona Eros Roberto Grau,[145] pode ser visto epistemologicamente a partir de variadas perspectivas, apreensíveis somente ao implicar sua concretização[146] enquanto fenômeno jurídico.[147] Na configuração apropriada de sistema[148] o Direito, compreendendo a ordenação e unidade que, afinal, lhe compete e basta fazer — tanto nos litígios entre particulares, ou entre estes e a Administração Pública, quanto na implementação das políticas desta última —, simplesmente se envolve na resolução do que lhe é integrante: fala de si mesmo, embora não só para si, sem chegar, no primeiro caso, ao

---

142  Chauí, M. *Brasil; mito fundador e sociedade autoritária*. São Paulo: Fundação Perseu Abramo, 2000. p. 57-87.

143  De origem igualmente político-religiosa.

144  Chauí, *Op. cit.*, p. 89-95.

145  Grau, E. R. *O direito posto e o direito pressuposto*. São Paulo: Malheiros, 2002. cap. I.

146  E aqui já não se pode mais falar em "Direito", mas em "direitos".

147  Se fenômeno, então suscetível de mudança, alteração, evolução, esta última sendo a única forma de dizer o Direito sem aprisioná-lo, como o fazem os discursos de sua mera exposição e crítica — "interpretações" ocas, insuficientes e repetitivas.

148  Autopoiético, aberto e comunicativo.

nível embrionário do cerne dos conflitos, e no segundo, nada tendo a ver com o "quê", mas sim com o "como".

Considerando-se uma abordagem funcional[149] do Direito, compete ao jurista, não obstante reconhecer a influência e ingerência de condicionamentos históricos — sociais, econômicos, políticos e ideológicos, em estruturação ora superior, ora inferior —, atuar no afã de desmascarar, desfazer o fetiche[150] encontrado na concepção kelseniana de persuasão e promoção, quer dizer, pelo convencimento — o "meio para" que dá livre curso ao formalismo e positivismo jurídicos, anacrônicos e inoportunos.

Aceitando a cooperação das ciências em geral, sobretudo das sociais e em particular da sociologia, ele deve, despido de ilusões como a de alcançar a verdade[151] e a justiça, posicionar-se favoravelmente ao que Grau apelida carinhosamente de "doutrina real" e que, mais do que um frágil conhecimento, pretende ser um modo lídimo de pensar o Direito — buscando os seus significados e levando o intérprete ao raciocínio aceitável do ética e politicamente justo, cujo deslinde das questões escapa à falácia, à miragem da solução única.

Sem embargo, por prescritivo e justificável, distanciado da via apertada de pretensa objetividade, racionalidade e saber puros e de uma lógica de obtusidade ímpar,[152] constata-se

---

149    Não fazer confusão entre funcional e funcionalista, sem nenhum compromisso com a emancipação de um dado direito.

150    Sob uma perspectiva materialista e marxista de análise; expressão raramente utilizada no meio jurídico; sob idêntico diapasão, Lenio Luiz Streck *in* "O 'crime de porte de arma' à luz da principiologia constitucional e do controle de constitucionalidade: três soluções à luz da hermenêutica". Disponível em: <http://www.ibccrim.org.br> Acesso em: 30 abr. 2002., menciona a "fetichização da lei" na situação em que seu texto parece trazer já "em-si-mesmo o seu sentido, a-histórico, a-temporal e descontextualizado", restrito o intérprete à realização de mera subsunção.

151    Não irá adiante da que seja provada, segundo critérios adjetivos para isso estabelecidos.

152    Que o ensino jurídico usual obstinadamente insiste fazer vicejar em

ser o Direito objeto da ciência e, mais que isso, uma prudência[153] cuja função, em todo e qualquer sistema jurídico, consiste em conferir à violência a melhor organização de que se possa dispor.

Assim, como a violência permeia a inteireza do tecido social brotando de variadas vertentes — hoje mais econômicas e opressoras do que políticas, estas sim, remotamente dominadoras — atingindo os indivíduos através da operosidade de seus semelhantes, isoladamente ou em conjunto, institucionalizados ou não, a dificuldade encontrada pelo Direito resulta basicamente[154] numa esquizofrenia duplicadora da interface social, expressa por um direito, dito posto, de produção oficial — pelo Estado — e por outro, pressuposto, de autêntica criação e raiz popular — uma articulação que pode ser inconsciente e até irracional, dado o fomento de expectativas não satisfeitas.[155]

Evidentemente, do mesmo modo que a história das batalhas e das conquistas sempre foi contada e escrita pelos vencedores, o Direito que sobressai e vige na prática, ainda que a contragosto — salvo haver recentemente uma observação externa independente —, é o que se volta para a proteção dos

---

progressão geométrica, em ação de lesa-cultura, nas mentes de jovens incautos.

153  Grau (loc. cit.) refere-se a ela, baseando-se em Aristóteles, como 'razão intuitiva', que discerne o correto, vinculada ao ser. Jean Lauand, *in* "Razão, natureza e graça – Tomás de Aquino em sentenças". Disponível em: <http://www.hottopos.com/mp3/sentom.htm> Acesso em: 30 abr. 2002., discorda do significado do vocábulo hoje, da cautela que oculta a mediocridade viciosa da indecisão quando a "prudentia" se revela no correto decidir, sem as distorções, oportunismo e superficialidade dos temores e preconceitos, voltado para a ação transformadora da realidade perceptível através do conhecimento do ser.

154  A redução é patente, diante do pluralismo emergente da diversidade criativa do povo.

155  Id., ibid., cap. II. Cf. a instigante e desafiadora exposição de Benjamin Zymler. *Política e direito: uma visão autopoiética.* Curitiba: Juruá, 2002. cap. II.

detentores do Poder — que dele carecem — e do que estes possuem, contra os que, submissos, não possuem nada: uma vocação irremediável, e, quando muito, minorada.

Segundo a opinião de Sonia Rabello de Castro, o exemplo brasileiro e latino-americano é privilegiado:

> A estrutura cultural de uma Nação é o principal fator de sua identidade, (...) de possibilidade de cognição social do sistema de valores. Um sistema jurídico construído a partir de referências culturais basicamente alienígenas, e que descarta os valores culturais estruturais formadores desta sociedade, está destinado a funcionar como instrumento de dominação por parte daqueles que detêm seu discurso, ou que tenham condições pessoais, ou econômicas para operá-lo em seu benefício.[156]

Quanto à ocupação da terra no Brasil, anota Júlio Cesar de Sá da Rocha que "a forma de apropriação do espaço e de construção de nossas cidades foram ditadas debaixo dum paradigma lusitano, ao contrário do modelo espanhol" que empregava regras bem precisas nesse aspecto, empenhado em "vencer e retificar o espaço construído".[157] A Coroa portuguesa legislou mais preocupada com particularidades judiciárias, voltadas à arrecadação, do que urbanísticas e políticas; os espanhóis, por seu turno, se empenharam na edição de normas afetas ao delineamento e gestão do cotidiano de cidades sob

---

156 Castro, S. R. de. Algumas formas diferentes de se pensar e reconstruir o direito de propriedade e os direitos de posse nos "países novos". *In*: Fernandes, E. (Org.). *Direito urbanístico e política urbana no Brasil*. Belo Horizonte: Del Rey, 2000. p. 79s.

157 Rocha, J. C. de S. da. *Função ambiental da cidade: direito ao meio ambiente urbano ecologicamente equilibrado*. São Paulo: Juarez de Oliveira, 1999. cap. 2.

sua influência.[158]

Até a independência, em 1822, a ocupação territorial urbana obedeceu a dois paradigmas: o das sesmarias,[159] cujas deficiências davam margem à posse livre, e o de datas,[160] por concessão de Câmara de Vereadores, alternativa mais rápida e menos burocrática. Apenas em 1850, após um interregno de verdadeiro caos, foi promulgada a Lei de Terras n.º 601 — de raiz econômica e com traços discriminatórios —, retomando-se a regulamentação do assunto com a definição de posse legal a ser devidamente registrada, propiciando ao Império controle e tributação mediante a compra e venda da terra.

Em virtude disso a propriedade do solo, além da posse comum usufrutuária, foi reconhecida como um direito distinto, dotado de critérios formais de validade; a terra, valorada economicamente, passou a ser tratada como outra mercadoria qualquer e se transformou em objeto de especulação e acúmulo: posseiros de áreas menores impotentes e sem recursos, sob pena de serem acusados de prática de crime, viram-nas tornar-se parte integrante do patrimônio de seus gordos vizinhos.

O advento do direito de propriedade implicou na necessidade de delimitação dos espaços público e privado, através de intervenção legal específica do Poder Público local,[161]

---

158 Para um registro da evolução das normas de direito urbanístico no Brasil, vide a obra de José Afonso da Silva. *Direito urbanístico brasileiro*. São Paulo: Malheiros, 2000. p. 49-55.

159 Castro (*Op. cit.*, p. 82s.) aduz que o antigo instituto das sesmarias, que vigorou no Brasil por três séculos originando as chamadas terras devolutas (devolvidas ao rei), hoje públicas, "tinha um forte conteúdo e sentido social. Pelo sistema de sesmarias, prestigiava-se o conceito de propriedade útil, já que esta era distribuída a quem a pudesse tê-la (sic) de forma produtiva. A propriedade era concedida sob condição resolutiva; isto significava que o proprietário perderia sua propriedade se, ao final de 5 anos, a ela não tivesse dado, efetivamente, destinação produtiva".

160 No caso, consequentemente urbano, por meio da Carta Régia de 1713.

161 Denominada posturas.

dispondo até mesmo acerca de grupos e classes definidos[162] — que, se não menos favorecidos, eram mal vistos — para, sob o pálio da realização de reformas urbanas,[163] conduzi-los à periferia das cidades, o que daria origem a seu inchaço e a um padrão de desigualdade.

Contribuíram ainda para essa situação outras duas circunstâncias básicas, a saber: a rejeição de parte de sua elite e de setores social e economicamente mais bem aquinhoados, movidos por um moralismo torpe, de feições provincianas, por um preconceito injustificável e abjeto; e a política de higiene, implementada no início do século XX e capitaneada pelo benemérito e mui combatido médico sanitarista Oswaldo Cruz.

Com sua elevada carga simbólica, e animadas por um processo irreversível de industrialização[164] num país acentuadamente agrário, as cidades fomentaram, até 1930, uma atividade crescente de urbanização — que já em 1960 possibilitou aumento populacional capaz de ultrapassar em número o índice rural — gerando uma aglomeração contraproducente, nefasta à qualidade de vida e à atenção indiferenciada a que faziam jus todos os seus habitantes, de sorte a lhes oferecer uma prestação desigual — ou condenável omissão — de serviços e impedir sua integração.

Não obstante a existência de garantia formal do direito de propriedade em todas as Cartas[165] Políticas brasileiras sem exceção, perceptíveis a evolução e ampliação conceituais do instituto — as duas primeiras, de 1824 e 1891, em perspectiva ainda absoluta e as seguintes, com ressalva da de 1937, socialmente direcionadas; a atual, de 1988, praticamente repete

---

162 Por exemplo, operários, desvalidos, ex-escravos e imigrantes.

163 Que resultaram na valorização artificiosa das áreas desocupadas, ao menos onde não houve resistência e recorrência.

164 Mais efetivo a partir de 1950.

165 Para Bulos (*Op. cit.*, p. 6), não há mais que se fazer, hoje, nenhuma distinção entre os vocábulos 'constituição' e 'carta'.

a anterior de 1967 e sua emenda de 1969[166] —, não é difícil enxergar-se nelas a franca influência dos diversos momentos históricos correspondentes[167] e notar-se a concepção bem mais retórica do que palpável da questão, que se vem refletindo, no plano urbano — e não somente nele, claro —, na relação fixada entre duas categorias — "legal" e "ilegal" — que cimentam os alicerces de um conflito fundamental, cujas proporções hoje alcançadas são muito maiores do que, ingenuamente, se poderia vir a supor.[168]

Pelo espaço reservado a uma política específica a ser desenvolvida — como resultado de uma ação oportuna e decisiva de organizações populares, mobilizadas pela vontade então amadurecida de que se procedesse a uma Reforma Urbana —, a Constituição de 1988 decerto possui o mérito de haver conferido à cidade, pela primeira vez, atenção explícita e direta, como se depreende do conteúdo expresso nos artigos 182 e 183 do apontado Diploma.

Caso se pretenda, no entanto, dotá-los de real efetividade e relevância concreta, é preciso que a interpretação desses

---

166 Sob a perspectiva coletiva da relativização contida nas referências a interesse e bem-estar sociais, chegou-se à menção da função social que a Constituição Federal de 1988, chamada de "cidadã", esforçou-se em conceituar.

167 Cf. Cunha, Alexandre Sanches. *Todas as constituições brasileiras: edição comentada*. Campinas: Bookseller, 2001. passim.

168 Adverte Edésio Fernandes, em "Direito do urbanismo: entre a 'cidade legal' e a 'cidade ilegal'". In: _____ (Org.). *Direito urbanístico*. Belo Horizonte: Del Rey, 1998. p. 3s., que o elevado grau de concentração econômica proveniente da conjugação de dois processos, o de industrialização e o de urbanização, tem fomentado e, dialeticamente, dependido de um outro, o de exclusão política e segregação socioespacial da maior parte da população, evidenciando a tensão gerada entre a "cidade legal" e a "cidade ilegal", sendo que a segunda caminha a passos largos rumo à superação do tratamento desigual a que tem sido submetida pela adoção de formas diferenciadas de lidar consigo mesma, com o Estado e o restante da sociedade pertencente à primeira, podendo-se identificar, nos maiores centros urbanos, a coexistência paralela dos fenômenos de extrema pobreza e crescente violência.

dispositivos se dê no contexto imediato em que se vêem inseridos e à luz de outros congêneres, quer se apresentem na qualidade de regras — normas *stricto sensu* — ou de princípios, mas sempre sob a mediação do conjunto integral da Lei Maior.[169]

Não obstante, três noções se fazem preliminarmente obrigatórias:

— a de que a tutela do direito de propriedade, com notório destaque no ordenamento jurídico pátrio, predomina sobranceira sobre qualquer outra, o que se constata com facilidade como decorrência das etapas do capitalismo já experimentadas, aqui, ao longo do tempo;

— a da inclusão da matéria na moldura de política urbana, em apêndice, exatamente no trato da ordem econômica, quer dizer, pelo prisma do conjunto de disposições que tem por escopo a regulamentação da intervenção do Estado na economia, um forte sintoma da desvalorização do evidente cunho social da *polis,* num claro e preocupante indicativo de deliberada preferência por esta abordagem em relação àquela que pareceria ser *prima facie* a mais adequada,[170] e creio que assim o é;

— e a de que a presença pura e simples de uma regra materializada em texto constitucional, código ou

---

169 Vide a excelente exposição de Grau. *A ordem econômica na Constituição de 1988.* São Paulo: Malheiros, 2000. cap. 5.

170 O posicionamento na Constituição Federal em questão, da cidade via 'política urbana', revela a firme intenção de se manter fidelidade, no que toca à ordenação territorial da artificialidade espacial, a uma perspectiva de capitalismo pseudodesenvolvimentista e dependente, representando flagrante e ilusória inversão; não que deixem de persistir visíveis implicações de natureza econômica, por certo absolutamente subsequentes.

lei extravagante se traduz, com a devida licença da tautologia, nisso mesmo e em nada mais,[171] estando a sociedade brasileira sobejamente adestrada a suportar a convivência livre de espanto, apassivada e individualista, com tamanha aberração cívica.

Mais do que isso, o que brevemente lançamos à ponderação finca relacionado no entendimento da Carta de 1988, diretamente ou não, aos tópicos da propriedade privada e do uso do solo e da cidade — uma orientação segura, com parâmetros bastante confiáveis que podem encaminhar a contento, igualmente, as pertinentes digressões de caráter conceitual feitas a seguir, essenciais para uma abordagem mais prática[172] da qual resulte um todo coerente, compondo um conjunto harmônico.

As principais teorias a respeito da origem da propriedade privada, conforme pesquisa de Isabel Vaz,[173] são a percepção subjetiva da vontade do divino, revelada pela fé, e a razão dada por ele ao ser humano; seu trabalho continuado, exercido sobre o meio natural; as peculiaridades institucionais derivadas do panteão politeísta greco-romano; e a concepção materialista das etapas de acúmulo e opressão no curso da história

---

171 Konrad Hesse, em *A força normativa da Constituição*. Porto Alegre: Sergio Antonio Fabris, 1991. p. 24-27, adverte com sua larga vivência que a Constituição " não pode ser separada da realidade concreta de seu tempo", cabendo-lhe conformar-se aos limites do presente, que se apuram pela soma ao rigor jurídico de uma afinidade com as ciências mais próximas, a fim de que seja mantida sua força normativa; ou "a Constituição jurídica sucumbirá em face da Constituição real", frustrada a manifestação de sua vontade. No mesmo diapasão, Oscar Vilhena Vieira (p. 48) assevera que "as constituições, se pretendem ter algum sentido, devem ser formuladas, sobretudo, como parâmetro de justiça da comunidade", ou sua finalidade se perde ante a utilidade e a eficiência em substituição à democracia e à ética à qual "devem se submeter a economia e o poder do Estado e não o inverso".

172 Acerca do Estatuto da Cidade.

173 Vaz, I. *Direito econômico das propriedades*. Rio de Janeiro: Forense, 1993. p. 25-49.

da humanidade. Independentemente de não se comprometer a autora com uma demonstração conclusiva, de concepção prevalente, há profundo sentido na reflexão, que afinal expõe, sobre a estreita "conexão entre a personalidade do indivíduo e a propriedade privada", deduzindo com acerto que a cada ser deve "caber um mínimo de propriedade" pessoal para o pleno desenvolvimento de sua personalidade.

Pode-se inferir, então, que a propriedade surgiu com a manifestação basilar da autocompreensão individual, seguida de um impulso, em oposição direta à vontade alheia, de tê-la para si, daí se embrenhando por caminhos justificadores das mais comezinhas às mais sofisticadas vivências humanas. O desenvolvimento e formulação de seu conceito atual — e, por via de consequência, dos direitos ao seu exercício —, atestando uma inerente complexidade, é relativamente recente.[174]

Inicialmente concebida sob a perspectiva de uma relação singular[175] e absoluta resultante de um direito natural, com posterior imputação abstrata excludente de assento cível, a propriedade avançou juridicamente sobre terreno público ao incorporar institucionalmente a nova categoria de função social,[176] atingindo exaurimento no ideário socialista.[177]

Com claro arrimo constitucional, e tantas espécies diferentes de bens apropriáveis, cumpre antes de tudo, sem dúvida, falar-se hoje em 'propriedades', concordando com Grau quando este explicita que "a propriedade não constitui uma instituição única, mas o conjunto de várias instituições, rela-

---

174 À medida que o instituto foi sendo objeto de interesse e pesquisa dos juristas, depois de ser, cada vez mais amplamente, utilizado para os mais diversos fins, percorrendo à vontade os caminhos ideológicos, antagônicos até.

175 Pessoa e coisa, isoladas de tudo o mais.

176 Aplicável tão-somente à propriedade privada e diversa da função individual, isto é, de instrumento garantidor de subsistência básica, como aduz Grau em *A ordem...*, p. 253; 255s.

177 Cf. Silva, *Op. cit.*, p. 68s.

cionadas a diversos tipos de bens. Não podemos manter a ilusão de que à unicidade do termo — aplicado à referência a situações diversas — corresponde a real unidade de um compacto e íntegro instituto. A propriedade, em verdade, examinada em seus distintos perfis — subjetivo, objetivo, estático e dinâmico — compreende um conjunto de vários institutos. Temo-la, assim, em inúmeras formas, subjetivas e objetivas, conteúdos normativos diversos sendo desenhados para aplicação a cada uma delas, o que importa no reconhecimento, pelo direito positivo, *da multiplicidade da propriedade*.[178]

A fim de que seja determinado o seu significado, essa aludida função social que, repetimos, não está adstrita, necessaria e exclusivamente, ao estrito viés econômico — como quis impor, por sua representação plenária em 1988, a elite nacional —, carece que se defina em primeiro lugar o que é "função".

Tendo chegado ao vernáculo através do latim *fungere* [fazer, cumprir, exercitar], o vocábulo denota qualitativamente a aglutinação e canalização, em dinâmica orientada, de elementos estruturais para a consecução de certa intenção adequada e compatível;[179] a prestação positiva, de fazer;[180] a possibilidade de atuação predeterminada de conteúdos fundamentais.[181]

Social e aplicada,[182] é alvo de legitimação constitucional concreta ao remover com denodo do solo urbano, se sobrepondo aos demais direitos, seu impregnado ranço de bem de produção, repelindo seu uso para os fins canhestros de promoção pessoal e poder[183] ao limitá-los, como direito e conte-

---

178  Grau, *A ordem...*, p. 257.

179  Rocha, *Op. cit.*, p. 35.

180  Grau, *A ordem...*, p. 259s.

181  Silva, *Op. cit.*, p. 71-73.

182  A toda e qualquer propriedade, também à de direitos (cf. Castro, *Op. cit.*, p. 90).

183  Em ambos os casos, exacerbação nefasta da função individual e seu correspondente direito subjetivo (Grau, *A ordem...*, p. 258s; 261).

údo, ao exercício de ditames urbanísticos e edilícios definidos em prol dos difusos interesses comunitários.

Como importante fator a requerer meditação, Castro[184] ressalta ainda a função social da posse, materializada pelo direito à moradia — tardia mas felizmente inserto no rol dos direitos sociais do artigo 6.º da Lei —, em seu âmbito muito mais representativa de justiça social, exceto por seu instituto importado sem mediação da Europa de acordo com a ideologia corrente no século XIX, contrariando a tradição portuguesa e o costume no Brasil. Útil e de boa-fé, de detenção fática simples como hodiernamente é, a posse voltada diretamente à habitação, e daí ao domínio, poderia envergar conteúdo jurídico apartado da propriedade e de robustez bem maior, recebendo a essencial proteção legal para corrigir velhas e novas desigualdades.

## 2.2 Instrumentos infraconstitucionais

Até 19 de outubro de 2001, em virtude da inevitável competência concorrente, os esforços até então parcialmente envidados e, em geral, malsucedidos, para a promoção da política urbana — afirmada pelo artigo 182 da Constituição Federal de 1988, a cuja responsabilidade o Poder Público Municipal está afeto em termos literais — demandaram ditames de teor legal que norteassem sua ação, de maneira a tornar palpáveis tanto o ordenamento do desenvolvimento integral das funções sociais da cidade[185] quanto a efetiva garantia de bem-estar para seus habitantes.

Ao expirar o lapso de vacância previsto no artigo 58, entrou afinal em vigor a Lei n.º 10.257[186] — diploma direcio-

---

184 *Op. cit.*, p. 89-99.

185 Estas funções foram originalmente estabelecidas como sendo as de habitação, recreio, trabalho e circulação no documento conhecido como Carta de Atenas, datado de 1933, em evento ali realizado (vide Rocha, *Op. cit.*, p. 36).

186 De 10 de julho de 2001, publicada no Diário Oficial da União no dia

nado à qualificação plena da vida em ambiente construído, o assim autodenominado Estatuto da Cidade[187] —, texto repleto de inovações e extremamente rico em significados de elevada repercussão, merecendo, pois, sua aplicação e prática — inclusive por ser um veículo intermediário — redobrado cuidado para que se eximam de vir a sofrer sanção, não sejam constatadas omissões ou lacunas nem se desvirtue a natureza dos institutos de ordem pública e interesse social que ele conjuntamente abriga.

Alterando para um novo paradigma de funcionalidade — e de titularidade jurídica também coletiva — o eixo da noção de propriedade privada e individualismo tão caro ao Código Civil de 1916, e porque não ao atual, a caminhada que resultou em sua formação foi lenta, de insistência penosa e paciente para que fossem superadas as resistências, as barreiras de toda ordem, veladas ou não, erguidas em desfavor das necessidades e desejos populares.

Relata Mariana Moreira[188] que ainda no Governo de João Goulart, em 1963, foram feitas tentativas de oferecer alguma resposta à preocupação com a condição de crescimento das cidades. Os Governos Militares que se sucederam empenharam-se, por seu turno, em resolver a questão através de medidas tópicas; no entanto, dadas as contingências de seu estilo positivista de planejamento e trato da economia, os problemas urbanos recrudesciam, dando margem a que movimentos sociais[189] fizessem chegar ao Congresso Nacional o Projeto de Lei número 775/83 do Poder Executivo. Mesmo

---

seguinte.

187 Parágrafo único do artigo 1.º.

188 Moreira, M. A história do Estatuto da Cidade. *In*: Dallari, A. A.; Ferraz, S. (Coords.). *Estatuto da Cidade*. São Paulo: Malheiros, 2002. p. 28.

189 Apoiados por parcela da Academia e pela Igreja, como anotado por Grazia De Grazia, "Estatuto da Cidade: uma longa história com vitórias e derrotas". *In*: Osorio, L. M. (Org.). *Estatuto da Cidade e reforma urbana*. Porto Alegre: Fabris, 2002. p. 20s.

com uma roupagem tecnocrática, a iniciativa, oriunda da apenas pretendida Lei Federal de Desenvolvimento Urbano de 1977, sofreu críticas bastante severas por parte de quistos reacionários da sociedade; tramitou até 1988 e foi retirada em julho de 1995, juntamente com diversos substitutivos recebidos. Um desses, da lavra do deputado Raul Ferraz (2.191/89), com outros dezessete, foi apensado ao projeto 181/89 do falecido senador Pompeu de Souza, que, aprovado com brevidade na Câmara Alta, transformou-se na outra Casa, obra de sistematização, emendas e contribuições, no Projeto de Lei 5.788/90 que lhe tomou o lugar.

Não obstante ter sido sancionado com poucos vetos da Presidência da República, insuficientes para desfigurá-lo, a aprovação final do Estatuto da Cidade consubstanciou o reconhecimento da constitucionalização do direito urbanístico em seu artigo 4º — de acordo com a sua própria disciplina, observada a Lei sob exame (§ 1.º) —, leque meramente exemplificativo — *caput* — dos meios hábeis para que a Administração local aja no fomento de Política Urbana com senso de oportunidade e rigorosa precisão, de forma a estancar a violência da especulação e exclusão.

A sistematização é, a toda prova, falha, mas estão articulados em grupos na seguinte estrutura: meios, instrumentos ou institutos relacionados ao planejamento (incisos I, II e III), tributários e financeiros (inciso IV), jurídicos e políticos (inciso V), e, por último, ambientais (inciso VI). Antes da sucinta descrição[190] esboçada a seguir, porém, compete darmos ouvidos sensíveis, conscientes do risco de bem-vinda reiteração, às bem colocadas palavras de Letícia Marques Osorio e Jacqueline Menegassi:

> O modelo da cidade ideal teve como paradigma a segregação e a diferenciação hierárquica dos espaços, às quais se associa um diferencial de preço para o mercado imo-

---

190  Daquilo que se expressa nos artigos 5.º a 38, da Lei estudada.

biliário. A legislação cumpria a função de estabelecer padrões de qualidade elevados para determinadas áreas da cidade, geralmente centrais e bem localizadas, cujo preço só podia ser pago pela elite. Se não havia como pagar o preço, a solução era construir onde a legislação não era tão exigente: na periferia, nos rincões. Mesmo assim, essa permissão só era obtida pela maioria pobre mediante favores, cooptações, lobbies e outras formas de pressão utilizados pelos que conseguiam ter acesso a instâncias de deliberação. Pertencer a um território fora da lei significa um limitado exercício da cidadania e dos direitos urbanos.[191]

Como indicado no Plano Diretor, o parcelamento, a edificação e a utilização compulsórios limitam, a seu talante, a ordem legal municipal no exercício do solo urbano não-utilizado ou subutilizado por seu proprietário e outros que possam se lhe assemelhar, com exceção dos Estados e da União. Trata-se, nessa circunstância, de uma imposição condicionadora, que se configura em manifestação regular de poder de polícia administrativa.

O solo urbano é "o terreno com todos os acessórios, todos os *equipamentos urbanos*, que eventualmente a ele se tenham acrescido".[192] O não-edificado é o que não recebeu tal modificação; o subutilizado é o edificado aquém do mínimo definido na legislação; e o não-utilizado é o que não foi objeto de qualquer aproveitamento. Na opinião de Caramuru Afonso Francisco, o veto do Executivo ao inciso II, do § 1.º, do artigo 5.º apôs prevalência somente à subutilização interna.[193]

---

191   Osorio, L. M.; Menegassi, J. "A reapropriação das cidades no contexto da globalização". *In*: id., ibid., p. 43.

192   Assim bem o conceitua Fernando Dias Menezes de Almeida ([S. t.]. *In*: Medauar, O.; _____ (Coords.). *Estatuto da Cidade*. São Paulo: RT, 2002. p. 49).

193   Francisco, C. A. *Estatuto da Cidade comentado*. São Paulo: Juarez de

Por força da Lei 6.766/79 são compulsórios, visando o corte de custos de urbanização e a otimização dos investimentos públicos: o parcelamento, divisão da área urbana em lotes, nos moldes de loteamento ou desmembramento; a edificação, construção de algo material; e a utilização, o uso com proveito.[194]

Descumpridas as obrigações acima descritas e observadas as disposições dos §§ 2.º e seguintes,[195] do artigo 5.º, o Município valer-se-á, como uma sanção[196], da progressividade temporal aplicada ao IPTU — Imposto Predial e Territorial Urbano — com majoração da alíquota por até cinco anos consecutivos. Fique claro que a constitucionalidade de todo o artigo 7.º provocou considerável discussão e acirrada polêmica. No entanto, apenas a obstinação poderia justificar uma injeção de energia nisso; Almeida traz razões assaz convincentes[197] para dissipar supostos entraves formais de raiz tributária. Sendo seu fundamento extrafiscal, portanto diverso do valor venal do imóvel — ainda que seja aplicada a mesma base de cálculo que serve ao Fisco — a alíquota num ano determinado não poderá exceder o dobro da aplicada no período anterior; além do que, seu valor máximo não haverá de ultrapassar a faixa dos quinze por cento (§ 1.º, do artigo 7.º), defendidas a isenção e anistia do respectivo crédito.

Feita a averbação, em seu registro, da notificação ao proprietário, que independente da progressividade terá re-

---

Oliveira, 2001. p. 82-87.

194 Cf. Diogenes Gasparini, *O Estatuto da Cidade*. São Paulo: NDJ, 2002. p. 32.

195 Os prazos apontados nos §§ 4.º e 5.º são mais que suficientes e generosos, revelando a sensibilidade do legislador; já o artigo 6.º seria desnecessário, visto tratar-se de regra comum.

196 Não confundir com intenção de aumento de arrecadação.

197 *Op. cit.*, p. 57-64.

cursos para as providências requeridas, Francisco[198] aborda a elegante questão da desvalorização do imóvel; o Município, por sua vez, caso opte pela faculdade constante do § 2.º no final do artigo analisado, não sofre prejuízo. O mesmo dispositivo prevê ainda que satisfeito o fazer urbanístico a sanção imposta cessará.[199] Nessa hipótese, a cobrança do IPTU voltará no exercício subsequente a obedecer ao percentual normal, ou seja, em igualdade com o dos demais imóveis. Daí, resta patente não existir traço algum de confisco, que poderia ser aventado nesse caso.

Outra medida a socorrer o Poder Local é a desapropriação do imóvel com a possibilidade de dar-se o pagamento mediante títulos da dívida pública, exceção possuidora de amplo respaldo constitucional. Ora, o instituto da desapropriação ou da expropriação, se assim se faz pretender, consiste na tomada compulsória da propriedade pela Administração Pública que dessa maneira a adquire — poder-dever —, de acordo com o que especifica Gasparini, "depois de esgotados, *in albis*, os prazos para que seu proprietário a parcele, edifique ou utilize adequadamente e de cobrança de IPTU progressivo no tempo, mediante pagamento em títulos da dívida pública, assegurados o valor real da indenização e os juros legais",[200] sabidamente de seis por cento anuais: é a chamada desapropriação-sanção,[201] que diante de cada fato em particular deverá levar em conta as peculiaridades da legislação correspondente, seja de utilidade pública ou de interesse social — vejam-se, respectivamente, o Decreto-Lei 3.365/41 e a Lei 4.132/62 —, sobretudo aquelas de

---

198   *Op. cit.*, p. 101s.

199   O que o proprietário poderá exigir da Administração, dado que uma coisa fica essencialmente vinculada à outra.

200   *Op. cit.*, p. 59.

201   Vide o que aduzem Aluísio Pires de Oliveira e Paulo Cesar Pires Carvalho, no *Estatuto da Cidade*. Curitiba: Juruá, 2002. p. 113s.

natureza processual.[202]

Pelo que é encontrado nos critérios apresentados em seus incisos I e II, a locução 'valor da indenização' no § 2.º do artigo em comento parece apontar, como alega Almeida,[203] à semelhança do que se vê no § 1.º, na direção do valor real do imóvel, sem ter que ser exatamente igual: notificado o proprietário, a valorização proveniente de obras realizadas pelo Município na área em que se localiza o imóvel será abatida na composição do *quantum* indenizatório, ainda que valha para o cálculo do IPTU; ficam afastados as expectativas de ganhos, os lucros cessantes e os juros compensatórios que, aparentemente legais e justificáveis, acabariam por consagrar como verdadeira premiação o que teve origem na ilicitude...

Os títulos em apreço não poderão ser utilizados para que o proprietário se dê por livre de suportar outros impostos, procedendo, por exemplo, à sua compensação. Ademais, passando o imóvel a integrar o patrimônio público, é assinalado o prazo máximo de cinco anos para que o Município atue, como estatui o § 4.º, no afã de conferir-lhe o consentâneo proveito.[204]

Em seus artigos 9º a 14, o Estatuto da Cidade aborda com inovações[205] a usucapião especial de imóvel urbano, também conhecida como usucapião do tipo *pro casa, pro habitatio ou pro morare*.[206] Logo, sob perspectiva individual, qualquer pessoa — o brasileiro nato, o naturalizado ou até o estrangeiro que resida regularmente no país — que, não tendo a propriedade de outro imóvel urbano ou rural, seja possuidora com *animus domini* de área ou edificação urbana — prevalecendo

---

202 De modo, por óbvio, subsidiário.

203 *Op. cit.*, p. 73-76.

204 O aproveitamento do imóvel não deve ser feito necessariamente de forma direta pelo Município, o qual pode aliená-lo ou concedê-lo para uso a terceiros através de licitação, mantida a obrigação que sobre ele pesa (§§5º e 6º).

205 O tema é objeto do artigo 183 da Constituição da República.

206 Cf. Gasparini, *Op. cit.*, p. 73s, e Carlos Bastide Horbach (S. t. *In*: Medauar, *Op. cit.*, p. 91).

a maior, e considerando-se o fator de sua localização — de não mais de duzentos e cinquenta metros quadrados, por cinco anos ininterruptos e sem oposição, para moradia sua ou de sua família, obterá o seu domínio.

O título a que faça jus o prescribente será outorgado ao homem, à mulher ou a ambos, não obstante o estado civil, mas não se reconhecerá tal direito ao mesmo possuidor por mais de uma vez (§§ 1.º e 2.º). É possível com exclusividade ao herdeiro legítimo, estando ele a morar no imóvel, a soma do período da posse de seu antecessor quando da abertura da sucessão (§ 3.º).

Instituto distinto, consoante o artigo 10, é a usucapião especial coletiva de imóvel urbano, na qual é admitida a área urbana superior a duzentos e cinquenta metros quadrados em que viva população de baixa renda,[207] sendo impossível a correlação terreno/ morador. Ao possuidor atual é permitido acrescer ao seu o tempo de seu antecessor, sendo contínuas ambas as relações de posse (§ 1.º); a vedação que há no § 2.º, do artigo 9.º está ausente. A sentença que declarar a usucapião procedente será título hábil para que se registrem as frações ideais de cada ocupante, não importando o quanto do total do terreno seja por ele utilizado, o que pode ser convencionado de modo diferente pelos condôminos de acordo com regras próprias, inclusive caso haja urbanização posterior (§§ 3.º a 5.º).

Pendendo ação de usucapião especial urbana,[208] todas as demais relativas ao bem restarão sobrestadas (artigo 11). A legitimidade ativa admite litisconsórcio, mesmo superveniente, a figura do possuidor em composse e, ainda, a substitui-

---

207  É de se supor — a presunção é relativa, *iuris tantum* — que se esteja a falar de um número apreciável de pessoas, não se esperando, é claro, uma multidão. Na realidade, o emprego do vocábulo é infeliz, e o intérprete deverá apelar para o bom-senso. Já baixa renda faz presumir a existência de carência e necessidade.

208  Que transcorrerá sob rito sumário e poderá ser estratégia de defesa (artigos 14 e 13, nesta ordem).

ção por associação comunitária. A intervenção do *Parquet,* na qualidade de *custos legis,* será obrigatória, sendo garantido à parte autora o benefício da gratuidade (artigo 12).

Os artigos 15 a 20, Seção VI, do Capítulo II do Estatuto Urbano, referente à concessão de uso especial para fins de moradia, foram vetados pelo Presidente da República; permanecendo clara a distinção entre a Concessão do Direito de Uso[209] e o instituto, visando à posse para residência, em imóveis públicos, que por essa razão não seriam objeto passível de sofrer usucapião, tal matéria foi disciplinada na Medida Provisória 2.220 editada em 4 de setembro de 2001, de conteúdo bastante semelhante ao dos artigos vetados e corrigindo seus equívocos. Além disso, aponta, expressamente, "que o mesmo direito à concessão pode ser exercido em relação a imóveis públicos da União, Estados, Distrito Federal e Municípios" e "a possibilidade de autorização de uso para fins comerciais", na dicção de Maria Sylvia Zanella Di Pietro.[210]

Já o direito de superfície é instituto antigo, um direito real que, na visão de Toshio Mukai[211], deveria estar há muito tempo integrando o sistema jurídico positivo brasileiro e que abarca, certamente, a propriedade toda. O artigo 21 estatutário diz que, *in verbis*, o proprietário urbano poderá conceder a outrem graciosa ou onerosamente o direito de superfície de seu terreno, por tempo determinado ou indeterminado, mediante escritura pública registrada no cartório de registro de imóveis (*caput*). A extensão do direito de superfície vai da utilização do terreno nu ao subsolo ou espaço aéreo do mesmo de acordo com o contrato firmado, desde que conforme à legislação urbanística; a responsabilidade sobre os encargos e

---

209 Regulada pelo Decreto-Lei 271/67 e prevista no Estatuto da Cidade, no artigo 4.º, V, g — direito real.

210 Di Pietro, M. S. Z. Concessão de uso especial para fins de moradia. *In:* Dallari, *Op. cit.*, p. 154.

211 Mukai, T. *O Estatuto da Cidade*: anotações à Lei n. 10.257, de 10-7-2001. São Paulo: Saraiva, 2001. p. 15.

tributos incidentes sobre a propriedade superficiária recairá — se no todo ou em parte, dependerá do contrato — sempre sobre o superficiário, independente de quem àqueles figure obrigado. A transferência do direito a terceiros deve seguir também os termos pactuados, e a morte do superficiário implica seus herdeiros (§§ 1.º a 5.º). Os artigos 22 a 24 regulam a alienação e extinção do direito de superfície.

Ser preferido como comprador resume o direito à pre-empção[212] — que atribui ao Poder Público municipal preferência na aquisição de imóvel urbano negociado entre particulares. Com lastro no Plano Diretor, a lei municipal indicará as áreas em que se aplicará o direito de preempção, aprazando em não mais de cinco anos a sua vigência, que permitirá renovação um ano depois de findo o inicialmente fixado, sem a interferência de quantas alienações o bem possa ter.

Vetado o inciso IX — literalmente, outras finalidades de interesse social ou de utilidade pública definidas no Plano Diretor — do artigo 26, que enumera[213] justificativas para a necessidade de preempção — mais de uma pode ser arrolada —, o artigo 27 estabelece o procedimento a ser empregado, tanto pelo proprietário quanto pelo Município, junto às pertinentes ressalvas ao exercício desse polêmico direito, que, embora suscitador de oposição e críticas, "constitui, por um lado, instrumento de controle e, principalmente, de formação de reserva de terrenos urbanos no domínio público municipal, de que o Poder Público se servirá nas épocas oportunas, para atuações menos dispendiosas".[214]

A outorga onerosa do direito de construir pressupõe a noção de "solo criado", cujo conceito encontra-se no artigo 28 do Estatuto da Cidade. O Plano Diretor pode determinar as

---

212 Horbach. S. t. *In*: Medauar, *Op. cit.*, p.129.

213 *Numerus clausus*, sem dúvida.

214 Patrícia Teixeira de Rezende Flores; Bernadete Schleder dos Santos. *Comentários ao Estatuto da Cidade*. Rio de Janeiro: AIDE, 2002. p. 97.

áreas em que o direito de construir — separado, assim, do de propriedade —, se exercido superiormente ao coeficiente de aproveitamento — isto é, a relação área edificável/ área do terreno (§ 1.º) —, imporá ao seu beneficiário uma contrapartida em favor do Município, seguindo-se nos demais parágrafos, até o inciso III, do artigo 30, as condições a serem detalhadas, nele ou em lei municipal. O produto obtido a partir daí possibilitará os investimentos que atenderão aos propósitos dos incisos do artigo 26 (artigo 31).

Gasparini conceitua as operações urbanas consorciadas como "o conjunto de medidas urbanísticas tomadas e coordenadas pelo Município e executadas com a participação de terceiros, visando transformações urbanísticas estruturais, melhorias sociais e valorização ambiental de uma área urbana previamente determinada em lei específica baseada no plano diretor"[215] (sic!).

Entre outras, caberá nessas operações a previsão de medidas de cunho técnico de revisão do parcelamento, uso e ocupação do solo e subsolo e de normas edilícias, levando em conta o seu impacto ambiental e a retificação das construções, reformas ou ampliações realizadas em desconformidade com a legislação em vigor (incisos I e II, do § 2.º, do artigo 32). O conteúdo mínimo e as consequências tópicas do plano legal de operação estão discriminados nos artigos 33 e 34 do Estatuto, possibilitando um rígido e salutar controle de atividades e recursos que, no decorrer do empreendimento, confere lisura e segurança a todos os envolvidos e à comunidade.

O direito de construir, já abordado, pode ser transferido, sob condições que se façam presentes nesse intuito em lei municipal, apoiada no Plano Diretor. Por meio desta, o proprietário de imóvel urbano, privado ou público, estará autorizado a edificar em lugar diverso daquele que seria o naturalmente esperado ou optar, se o bem for tido por necessário

---

215 *Op. cit.*, p. 180s.

aos propósitos trazidos nos incisos I a III[216] do artigo 35, por proceder à alienação dessa faculdade a outrem através de escritura pública. O mesmo acontecerá ao que fizer a doação de seu imóvel ao Poder Público, no todo ou em parte, com idêntica finalidade.

Por fim, compete à lei municipal definir quais serão os empreendimentos e atividades em área urbana — privados ou públicos, dependentes da elaboração de estudo prévio de impacto de vizinhança (EIV) para a obtenção de licença ou autorização de construção, ampliação ou funcionamento — a cargo do Poder Público municipal (artigo 36): antes de mera limitação, uma medida de caráter preventivo pela qual o Município se incumbe de equacionar, convenientemente, as vantagens e desvantagens de cada empreendimento e atividade, dada não apenas a vizinhança imediata, mas também a cidade como um todo, ainda que de forma indireta.[217] Daí o artigo 37 fazer alusão à qualidade de vida, prevendo a análise mínima de aspectos atinentes ao adensamento populacional, como equipamentos, uso e ocupação do solo, valorização imobiliária, geração de tráfego e transporte coletivo, ventilação e iluminação, paisagem urbana e patrimônio natural e cultural (incisos I a VII), cuja documentação poderá ser consultada por qualquer cidadão em órgão municipal próprio (parágrafo único).

Note-se que, conforme legislação ambiental, o EIV não substitui a elaboração e aprovação do estudo prévio de impacto ambiental (EIA) com o qual não se há de permitir confusão, visto que, sem diminuir a importância do primeiro, o segundo é muito mais abrangente, indo além da perspectiva de preservação ecológica (artigo 38).

---

216 Uma vez mais, sobressai o interesse público na implantação de equipamentos, preservação do bem e programas de atenção social.

217 Flores; Santos, *Op. cit.*, p. 111.

Orienta Elida Séguin[218] que a efetividade dos instrumentos manejáveis, para que seja forjada a sustentabilidade da cidade, só será atingida caso a comunidade participe e fiscalize, além da limitação do direito de propriedade, a discricionariedade, o arbítrio e o abuso do Poder Público cuja eficiência, com vistas a ordenar e prevenir o caos urbano, repousa no planejamento técnico e sensível, de modo que na convergência entre compatibilização de regras e harmonia de interesses que ele representa vingue o respeito ao cidadão como sujeito co-responsável por seu futuro, parceiro criativo na busca de soluções e de alternativas viáveis.

Necessário e obrigatório, o surgimento de um Plano é um fenômeno essencialmente político. No bojo de seu artigo 39, derivado do artigo 182, § 2.º, da Carta Constitucional de 1988, o Estatuto da Cidade esclarece que a função social da propriedade urbana se cumpre no atendimento às exigências fundamentais de ordenação da cidade, tais como constam do Plano Diretor, para garantir que as necessidades dos cidadãos sejam supridas no que toca à qualidade de vida, à justiça social e ao desenvolvimento das atividades econômicas, acatadas as diretrizes legais.

Hely Lopes Meirelles conceitua que o Plano Diretor "é o complexo de normas legais e diretrizes técnicas para o desenvolvimento global e constante do Município, sob os aspectos físico, social, econômico e administrativo, desejado pela comunidade local."[219] Instrumento básico da política de desenvolvimento e expansão urbana (artigo 40), sua natureza jurídica (tema já pacificado) é de lei, cuja iniciativa cabe ao Prefeito Municipal. Integrante do processo de planejamento urbano municipal, suas diretrizes e prioridades devem achar lugar no plano plurianual, nas diretrizes orçamentárias e no

---

218 Séguin, E. *Estatuto da Cidade*. Rio de Janeiro: Forense, 2002. p. 49-59.

219 Meirelles, H. L. *Direito municipal brasileiro*. São Paulo: Malheiros, 2001. p. 509.

orçamento anual (§ 1.º); deve, igualmente, abranger como um todo[220] o território do Município (§ 2.º). Outrossim, a lei que o institui deverá ser revista a pelo menos cada dez anos (§ 3.º). Em seu processo de elaboração e na fiscalização de sua implementação, os Poderes Legislativo e Executivo municipais, valendo-se de audiências e debates, garantirão (§ 4.º) a ampla e irrestrita participação da população e de associações que representem os vários segmentos da comunidade (inciso I); a publicidade de documentos e informações; e o livre acesso a eles por qualquer interessado (incisos II e III).

O § 5.º do artigo examinado[221] recebeu veto presidencial. Como assevera Nelson Saule Júnior:

> Esta norma não era dirigida para interferir na autonomia do Município de estabelecer processo legislativo municipal para o plano diretor.
>
> (...)
>
> Esta nulidade independente deste veto poderá ser solicitada por qualquer cidadão pelo descumprimento da Constituição e do Estatuto da Cidade através dos remédios constitucionais de garantia dos direitos fundamentais tais como a ação popular, o mandado de segurança, a ação civil pública, e a ação declaratória de inconstitucionalidade de lei.[222]

O artigo 41 arrola hipóteses de cidades nas quais o Plano Diretor é obrigatório; o artigo 42 estabelece seu conteúdo mínimo. Mas o mais importante é que descabe despender

---

220  Zonas urbana e rural propriamente. Na verdade, constitui um arranhão constitucional restringir-se o Plano tão-somente ao urbano e sua expansão.

221  Acerca da nulidade da lei que instituísse o Plano em desacordo com o disposto no parágrafo antecedente.

222  Saule Júnior, N. Estatuto da Cidade e o Plano Diretor. *In*: Osorio, *Op. cit.*, p. 94.

tempo, dinheiro e energia num plano fora da realidade ou, se não utópico, cuja vocação seja simplesmente mantê-la. Que possa servir bem a síntese eloquente da lavra privilegiada de Silva: "A principal virtude de qualquer plano está na sua exequibilidade e viabilidade. Um plano que não seja exequível é pior do que a falta de um plano, porque gera custos sem resultados."[223]

A fim de que a disciplina legal do meio urbano venha a ser de constitucionalidade plena no plano fático, com adequado emprego do instrumental disponível a nível infraconstitucional, faz-se necessário o pronto e destemido envolvimento da sociedade civil em suas diversas instâncias de organização, nos planos da informalidade e nos institucionais:[224] um clamor face à violência de quem acumula às custas da escassez do "outro".

Sobretudo, de nada adiantará falar-se em função social da propriedade se o Poder Judiciário não se puser *up-to-date* com toda essa transformação doutrinária, alterando-se a mentalidade dos membros mais apegados às classes a que sempre pertenceram ou às quais lograram galgar.[225] Em suma, no que diz respeito ao social, o pessoal deve tornar relativa a prevalência do coletivo, o privado a do público e o político e o econômico a do ideológico.

---

223  *Op. cit.*, p. 142.

224  Quiçá algum dia se tenha uma sociedade fraterna, solidária, de iguais....

225  Segundo Kátia Magalhães Arruda, em "A função social da propriedade e sua repercussão na propriedade urbana" *in: Revista de Informação Legislativa*, Brasília, ano 33, n. 132, p. 313-319, out./dez. 1996, ainda existe o juiz escravo da literalidade da lei e apenas desta, quando melhor ficaria usá-la, ou o que lhe fosse permitido, para interpretar o fato e o direito a ela subjacente aplicando um ao outro, na esperança de estar realizando justiça.

# 3. O Meio Urbano como Categoria Ecológica

Por ser dirigida às pessoas, a disciplina legal que, através de seus desdobramentos e aplicação concreta a casos específicos e partindo de valores máximos — ou seja, constitucionais, impositivos e dirigentes —, pretende ordenar com eficácia o meio urbano, não deixa de pretender ordená-las também. De modo idêntico, regras que têm por fim, positiva ou negativamente, trazer homogeneidade a qualquer um dos comportamentos humanos relevantes, incidem de algum modo sobre o assoalho artificial: a cidade e as pessoas se configuram como ente e seres imanentes, dimensionados no tempo e no espaço, a existir e realizar, dia após dia, a vida em sua perspectiva integral.

Conferindo expressão e vigor à complexidade desta íntima ligação, afirma Bernard Lepetit que "todas as condutas de um grupo social podem traduzir-se em termos espaciais"; de onde se conclui que "cada lugar tem um sentido que só é inteligível para os membros do grupo".[226] Perry Anderson atribui a responsabilidade pela ausência de coerência urbana — que frustra o ideal e os sonhos de uma cidade humana compreendida e representada interiormente — às "exigências

---

226 Salgueiro, *Op. cit.*, p. 148.

funcionais duma coordenação [sistêmica] impessoal"[227] abstrata e à diferenciação estrutural da sociedade moderna.[228] Confrontados o espaço urbano e a cidadania, e pior, com o uso de manobras vis, a dialética resultante milita contra um meio de equilíbrio ecológico real. É o que analisamos a seguir.

### 3.1 Espaço e cidadania

Orientam a nossa reflexão os seguintes questionamentos preliminares, de efetiva importância embora por diversas vezes olvidados: o que são o espaço e a cidadania? E que relação mantêm com o tipicamente urbano e o presente estudo?

Por uma questão operacional de respeito à própria natureza da matéria, preferimos utilizar propositadamente essa nomenclatura, e não só isso. Trata-se aqui, com exclusividade e sob uma visão externa atenta, relativamente uniforme, das cidades brasileiras cujo feixe de características, fixado pelo capitalismo praticado no país, atende bem ao que se entende ser requerido numa abordagem como esta.

O vocábulo "espaço" padece de ambiguidade e polissemia: "fala no plural", como ensina Tonino Bettanini.[229] De fato, sua noção encontra guarida e se amolda facilmente às ciências em geral.[230] Fragmentado, transpõe a abstração do vazio até a intervenção no caos, abarcando o território concreto, o lugar real;[231] e o metafórico, o imaginário local e global.[232] Pode tam-

---

227 Anderson, P. *Los orígenes de la posmodernidad*. Barcelona: Anagrama, 2000. p. 62-64.

228 O mercado, o poder, a globalização; a opinião pública, a moral.

229 Bettanini, T. *Espaço e ciências humanas*. Rio de Janeiro: Paz e Terra, 1982. p. 15s.

230 Sem esquecer, claro, a linguagem e simbologia filosóficas e teológicas.

231 Ambiental, a partir de um centro.

232 Subjetivo, com ou sem limites.

bém figurar como o espaço do ser ou do saber, do ter ou do fazer, comportando ainda categorizações de outras ordens que serão examinadas adiante.

É conveniente, entretanto, que se explique desde logo sua qualificação: quando é urbano, o espaço atine à sedimentação do socialmente articulado, o que implica almejar um desenvolvimento completo de parte da mão de obra ativa disponível, frente a um imediatismo inconsequente de anseio de acúmulo material de parte de quem detenha, além dos recursos dessa espécie, qualificações intelectuais satisfatórias, tudo muito bem acompanhado pela cumplicidade de um Estado que sobrevive às custas dessa tensão.

Ultrapassado, dentre tantos, o critério meramente geográfico e demográfico, esse espaço urbano se demonstra como a ambientação de uma discrepância fundamentalmente social, cujo acento paralisante, numa ausência de representatividade institucional paritária,[233] o faz permanecer na posição de seu suporte: receptivo, irradiante, formativo e reprodutivo. Roberto Lobato Corrêa[234] sustenta que ele se constitui, sob o capitalismo, em realidade apreensível através de momentos distintos:

> — *a priori*, no conjunto dos diferentes empregos dados à terra, justapostos e organizados, cada um percebido de uma forma mais visível, material, as áreas e os fluxos entre elas;
> — num segundo momento, já menos visível e imaterial, aponta assim respectivamente Henri Lefebvre[235] as classes e seus processos como sendo morfológicos;

---

233 No que toca à defesa dos interesses de cada parte envolvida. A aparência de se querer a redução a um esquema ideológico não passa disso: basta olhar a tão frágil democracia brasileira.

234 Corrêa, R. L. *O espaço urbano*. Rio de Janeiro: Ática, 1999. p. 7-10.

235 Lefebvre, H. *A revolução urbana*. Belo Horizonte: UFMG, 1999. p. 109.

— os sítios e suas situações — e sociológicos — o modo de distribuição da população;

— num terceiro, a sociedade se acha nele refletida por meio de manifestações segregacionistas, traços de uma intrincada estrutura hierárquica desigual e mutável, tanto a presente quanto as passadas, cujos efeitos, resistentes, teimam em se repetir;

— e, num quarto momento, ela se vê condicionada, mediante formas espaciais que atuam sub-repticiamente,[236] no plano simbólico, a refazer certas condições, como facilitações e/ou privilégios para a indústria e o comércio, e relações de produção nos bairros residenciais, correspondentes no seu todo ou em parte a determinadas camadas sociais, isoladas ou em grupo.[237]

Ora, esse mesmo espaço, fragmentado e articulado, é produto do movimento da sociedade que veicula processos, sociais e espaciais,[238] fomentando um leque de funções[239] geradoras, por sua vez, de formas tópicas, flagrantemente sem autonomia alguma. Tal atividade[240] provém dos atores ou

---

236 Porque, à vista, concretas.

237 Com base em origem, cor de pele, crenças, perfil financeiro, etc., podendo combiná-los.

238 Corrêa menciona que os processos sociais, basicamente, são os de acumulação de capital e de reprodução social, arrolando, não sem prévia crítica, os processos espaciais intermediários e suas respectivas funções a que fazemos alusão posterior e que podem se dar simultaneamente (*Op. cit.*, p. 36-79).

239 Política, administrativa, comercial e produtiva (Lefebvre, loc. cit.).

240 Não criação, que é obra da Natureza; o ser humano produz, sim, mas objetos, inclusive os de arte. Portanto, espaço *stricto sensu* é criação natural; *lato sensu*, é produto intencional de alguém, consciente ou não (Lefebvre, H. *The production of space*. Oxford: Blackwell, 2001. cap. 2).

agentes sociais — grandes industriais que se apresentam como proprietários dos meios de produção, proprietários fundiários, promotores imobiliários, o Estado, e sem dúvida, nessa esteira, os grupos sociais excluídos, como assinala Corrêa.[241]

Acerca dessa espacialidade urbana duas oposições[242] merecem atenção, a saber: etologia x proxêmica e nomoespaço x genoespaço. Etologia é o estudo do comportamento, biologicamente falando, no que se relaciona ao território; proxêmica é o estudo da interação entre o organismo e o biótipo, quer dizer, entre o trato com o espaço e a estrutura deste.[243] Já o nomoespaço é o alicerce da sociedade de pactuação, do tipo contratual, baseado no racionalismo e no individualismo; e o genoespaço é a identificação diferenciadora, pela dominação e controle, do agregamento grupal ou comunitário.[244]

Na primeira, há uma evolução da percepção espacial, de um *modus* a outro; e na segunda, a mútua exclusão dos estados de "ser o espaço" e "pertencer ao espaço". Em ambas cabe destacar que a coexistência das posturas no tempo e no espaço, e na mesma pessoa ou comunidade, é tão comum quanto a alternância das atitudes que possam evocá-las. Num evidente sentido etológico e nomoespacial os processos espaciais, bastante úteis para que se adentre a matriz conectiva de ação humana — tempo x espaço x mudança —, são a razão imediata de se ter na cidade capitalista uma organização tão desigual e mutável,[245] alterando *grosso modo* a sua estrutura e revendo a sua espacialidade.

Com efeito, rechaçando quaisquer analogias e confu-

---

241  *Op. cit.*, p. 12. Sua ação vem descrita na sequência do capítulo, p. 13-31, com exemplificação assaz interessante ao final (p. 31-35).

242  São esquemas teóricos.

243  Bettanini, *Op. cit.*, p. 30-41.

244  Vide Paulo César da Costa Gomes. *A condição urbana*. Rio de Janeiro: Bertrand Brasil, 2002. p. 23-80.

245  Não é demais a insistência.

são[246] e no intuito de relê-los, Corrêa assim os descreve, arranjando-os em dois conjuntos nucleares acompanhados de sua forma respectiva:

> — quanto à divisão econômica: centralização e área central, descentralização e núcleos secundários, coesão e áreas especializadas;
> — quanto à divisão social: segregação e áreas sociais, dinâmica espacial da segregação, inércia e áreas cristalizadas.[247]

Centralização e área central resultam do capitalismo industrial, pressupondo uma zona periférica ao núcleo — que recebeu a pecha de "transição" — e uma zona periférica propriamente dita. Com seu inevitável e rápido esgotamento, a primeira se torna decadente e objeto de reiteradas reformas.[248]

De origem mais recente, a descentralização é tributária do crescimento em ritmo acelerado e do deslocamento continuado da periferia em obediência à lógica de um capitalismo monopolista, que faz brotar núcleos ditos secundários[249] nos quais a diminuição do comércio e serviços é inversamente proporcional à presença da indústria. O processo de coesão tem a ver com as áreas de especialização, ou distritos, encontradiços em todos os setores da cidade e reunindo comércio e serviços por categorias, mas que se amoldam mesmo assim, segundo características socioeconômicas condicionantes, à feição típica de onde venham a se instalar.[250]

---

246 Seja com o pensamento da chamada Escola de Chicago, seja com construtos da Geografia.

247 *Op. cit.*, p. 36-79.

248 O uso referencial, positivo, contrapõe-se a uma concentração abusiva que conduz à decadência, além de um aproveitamento parcial, apenas diurno.

249 Um ou mais, hierarquicamente, no sentido centro/ periferia.

250 Apesar de serem igualmente importantes. Por exemplo, o comércio de autopeças tende a ficar próximo dos serviços de mecânica de automóveis e motocicletas. As lojas voltadas a itens de alto luxo com certeza não se esta-

Segregação residencial é a alocação, em diferentes frações espaciais, dos variados fragmentos da sociedade capitalista — as classes. A determinação dessas áreas sociais se dá com lastro na capacidade de consumo, isto é, na definição das questões onde e como cada um pode morar, possibilitando, à mercê da ação do Estado e de quadros mais próximos e influentes — como as classes mais favorecidas — relativa harmonia interna[251] e razoável controle reprodutivo das relações de produção. A partir do padrão que se adote, como o incentivo a investimentos e a abertura de linhas de financiamento, a segregação residencial em cada cidade, peculiarmente considerada, fala, e bem alto, do estágio atual[252] da prática do capitalismo em seu seio e de como seus efeitos ecoam na organização espacial. Sua dinâmica é relativa à ocupação de determinada área, após um período mais ou menos longo, por classe social superior ou inferior à que antes ali habitara, a qual, por seu turno, segregará a circunvizinhança ou será por ela segregada; ou ainda, daí cristalizar-se-á,[253] interrompendo a sequência substitutiva, ou, como se diz, de invasão e sucessão. Inércia, portanto, é o processo de conservação, a um só tempo, da forma e do conteúdo dessa área cristalizada, que se sobressai pelo reforço de valores, evocação de sentimentos e eleição de símbolos pela comunidade.

Não obstante a relevância do espaço material, físico, importa que se busque de fato superar todas as resistências e

---

belecerão em zonas periféricas de baixo *status* social.

251 Na verdade, com dissonâncias bem sensíveis.

252 Nada impede que coexistam padrões e estágios numa mesma cidade, conforme a sua extensão; e essa era a realidade visível nas cidades latino--americanas de maior porte quando, no século passado, deu-se o início de sua industrialização.

253 Fenômeno ocorrido com as zonas de transição ou intermediárias adjacentes ao centro e que hoje recebem a denominação, também cristalizada, de periferia imediata — fato capaz de provocar arrepios de pavor nas "classes" médias que nela mourejam.

inúmeras barreiras para que se venha a obter um pleno reconhecimento da inquestionável realidade de um espaço simbólico — que o *homo urbanus*, cujo cotidiano é tão laicizado,[254] produza igualmente em sua mente, a deixar-lhe impressões indeléveis de intenso prazer ou de profunda e amarga dor, percebendo-o pela mediação do corpo: a indiferença, a apatia e o conformismo já designariam alienação, ou pelo menos o assim chamado ajuste neurótico.

Na concepção de Castells, "o espaço está carregado de sentido. Suas formas e seu traçado se remetem entre si e se articulam numa estrutura simbólica, cuja eficácia sobre as práticas sociais revela-se em toda análise concreta."[255] O real e o irreal, em integração indissociável, criam um projeto de prática social que, por seus possíveis resultados, além de solidificá-la define essa estrutura reforçando-a ou enfraquecendo-a, tornando possível a emergência da contradição entre esta e o político, o econômico e o social.[256]

Nesse quadrante, o sentimento arquetípico pende por ter sempre melhor sorte[257] ao final do embate, por que é o que sobrevive arraigado no recôndito da extrema subjetividade moral das pessoas e hábil em motivá-las, quando nada mais há em que se fiar.

Sob o impacto da metropolização, e posteriormente o da globalização econômica neoliberal, o urbano se desvincula da cidade, e da vida que nela se logra viver, para qualificar a sociedade em si como realidade que a engloba e transcen-

---

254 Circunstância eminentemente cultural; no ambiente rural, pela proximidade de seu contato com a Natureza, a pessoa está mais propensa a um viver sacralizado.

255 *Op. cit.*, p. 304-310.

256 Não no sentido teleológico, visto que o social permanece o objetivo primeiro, de maior valor, a ser perseguido.

257 Sobre as raízes do símbolo, cf. Maria Helena Lisboa da Cunha. *Espaço real, espaço imaginário*. Rio de Janeiro: UAPÊ, 1998. cap. IV.

de.[258] O certo é que sequer seu conceito está nele mesmo; dual, abstrata e historicamente, admite os processos de inclusão e exclusão fomentando uma lógica de necessária e absurda violência[259] — a lógica da mercadoria e seu mundo e a lógica implacável do Estado, ambas de uma ética duvidosa à primeira vista,[260] ininteligível e incongruente para os que a vivenciam.

Apenas a autoilusão possui o condão de impedir, como assevera Lefebvre com oportuna lucidez, uma clara compreensão de que "o urbano como forma e realidade nada tem de harmonioso. Ele também reúne os conflitos. Sem excluir os de classes. Mais que isso, ele só pode ser concebido como oposição à *segregação* que tenta acabar com os conflitos separando os elementos no terreno. *Segregação* que produz uma *desagregação* da vida mental e social".[261] Vale o raciocínio de que o substrato sócio-urbano dos menos aquinhoados encontra respaldo, estruturante e organizacional, exatamente na cidadania — patrimônio residual do cidadão oprimido objetivado em direitos inalienáveis, cuja fratura, caso ocorra, configura um ataque ignominioso e brutalizante à urbanidade, impondo àqueles sua desaprovação e coibição.[262]

O perigo de acuar-se o ser humano que imita, aprende e recria o que não domina é que termine ocorrendo um processo não avesso, mas concorrente àquele capaz de assombrá-

---

258  Ana Fani Alessandri Carlos. *O lugar no/do mundo*. São Paulo: HUCITEC, 1996. p. 56.

259  Lefebvre. *The production…*, cap. 5.

260  Idem. *A revolução…*, p. 161.

261  Id., ibid., p. 160.

262  Uma ordem institucional sadia, arejada, não toleraria tamanho achaque. A que coube vingar no Brasil só pode legitimar-se pela tomada de medidas cogentes a este respeito, revertendo a situação de miserabilidade em que se acha a maioria da população.

-lo[263] — recordando-se a noção freireana[264] de que a sombra do oprimido é seu opressor, o aspecto obscuro da psique e do inconsciente coletivo — em sua complexidade, cuja tentativa de deslinde fica reservada para o próximo capítulo.

Em brevíssimo resumo, arranhada a cidadania tida como pertencente à comunidade total, qualquer espécie de identificação com a mesma resta prejudicada, acarretando danos e nefastas consequências. O cidadão que não conta é justamente aquele com o qual não se pode contar, tal como o socialmente excluído.

Ao lidar com a conceituação interdisciplinar de cidadania, Elisa Reis tece um comentário valioso acerca daquilo que chama de "comunalidades cruciais entre perspectivas teóricas diferentes" que se propõe a identificar:

> Primeiro, o referencial histórico: as raízes históricas do conceito são comuns a todas as tradições teóricas. Segundo, a referência imediata que o conceito faz à ideia de inclusão *versus* exclusão. Terceiro, a dualidade, ou, melhor dizendo, a tensão permanente entre uma visão de cidadania como *status* e uma visão de cidadania como identidade. Finalmente, parece existir outra tensão recorrente entre a ideia de virtude cívica e direito ou prerrogativa. Essas duas dimensões são contempladas com maior ou menor ênfase por todas as diferentes tradições que lidam com a ideia de cidadania.[265]

Assumindo como base de seu pensamento a participa-

---

263 A artificialidade em relação ao meio natural, em meio a numerosos exemplos.

264 Cf. Paulo Freire. *Pedagogia do oprimido*. Rio de Janeiro: Paz e Terra, 1997. passim.

265 Reis, E. Cidadania: história, teoria e utopia. *In*: Pandolfi, D. C. et al. (Orgs.). *Cidadania, justiça e violência*. Rio de Janeiro: FGV, 1999. p. 12.

ção popular na tomada de decisões, Luciane da Costa Moás revela, de um ponto de vista histórico — sito, mais precisamente, na Antiguidade clássica — que a cidadania "tende a exprimir a condição característica daqueles que constituem os núcleos individuais de alguma comunidade política".[266] Encarado como um elemento constitutivo, o cidadão era aquele que votava as leis, e que, passivo, cumpria apenas com suas funções públicas: praticamente sucumbente na esfera privada,[267] sua vida se resumia a um mero pertencimento submisso e negativo, ou seja, entregue ao domínio e em função de interesses essencialmente de caráter público. Os "excluídos da cidadania, eram designados pelo termo *idiotes*. Nesse grupo se enquadravam as crianças, as mulheres, os escravos e os negociantes."

Na Idade Média surge a nova concepção de que é Deus quem escolhe os governantes, o que tornava propícia a origem do feudalismo e a divisão da sociedade em nobreza, clero e terceiro estado. Existia uma igualdade, mas esta só era possível diante da divindade, num patamar de religiosidade e abstração. Os direitos dos cidadãos permaneciam esquecidos, e foi apenas com o advento do mundo moderno que esse estado de coisas se alterou, notadamente em virtude do individualismo e da doutrina cristã: os novos pilares da igualdade perante a lei e dignidade da pessoa humana lançaram as primeiras sementes do que viria a se apresentar na qualidade de sociedade civil.

O individualismo contribuiu para que as pessoas fossem aceitas em sua subjetividade como elementos fundamentais da realidade, daí emergindo o direito subjetivo, não mais como privilégio,[268] e sim como um poder ao qual corresponde uma obrigação. Por seus postulados, a doutrina cristã deslocou as ponderações sobre a vida e a imortalidade para o plano

---

266  Moás, L. da C. *Cidadania e poder local*. Rio de Janeiro: Lumen Juris, 2002. cap. I.

267  Limitada ao âmbito da casa.

268  Vantagens obtidas pelos nobres e ordens religiosas no período medieval que se estenderam, na Europa, até a Revolução Francesa.

individual. A Revolução Francesa tornou mais clara a ideia de cidadania e abriu caminho, uma vez separados Igreja e Direito, para que se firmasse a democracia, forjando com os direitos individuais do ser humano um Estado verdadeiramente de e para os cidadãos libertos das injunções que antes o haviam manietado, dentre as quais vale a pena ressaltar a de se imaginar a sociedade civil como associação voluntária apoiada no instituto privado do contrato, conquanto ela seja indiscutivelmente de natureza pública, "um direito individual exercido coletivamente".

É notório que a dicotomia público/ privado foi solapada pelo desenvolvimento social que rompeu a fronteira, artificial e maniqueísta, entre ambos os lados da vida dos cidadãos, retirando a exagerada importância conferida a um ou a outro em reações pendulares: o ser humano não vive para ou em função do Estado, nem é o tal idiota que sofre privações, se reserva e consagra ao que lhe é privativo e não deve ser compartilhado com seus pares. Identicamente, não há mais que se discutir prevalências como a do Estado sobre a sociedade civil e vice-versa.

Não obstante o pioneirismo e a utilidade da teoria de Marshall,[269] o que realmente deve atrair a preocupação dos

---

269 O sociólogo Thomas Humphrey Marshall, nascido em 1893 e falecido no ano de 1981, lecionou na London School of Economics and Political Science de 1925 a 1956. Notabilizado por sua teoria, em que dividia a cidadania em civil, política e social, argumentava, sob influência do mundo anglo-saxão que bem lhe era familiar, que a evolução de tais direitos se dera diversamente no tempo e no espaço, e que só quem tivesse desenvolvido os três poderia ser considerado um cidadão completo. Apesar da distância cronológica e científica, ainda há quem empregue os elementos de sua reflexão como meio instrumental de análise, como por exemplo o jurista Ricardo Nery Falbo, em *Cidadania e violência no judiciário brasileiro*. Porto Alegre: Fabris, 2002. p. 23-27, que se justifica por utilizar tais categorias dessa sociologia em seu trabalho ao mencionar, dentre outras razões, a articulação que proporciona entre "democracia política e consequências sociais do capitalismo enquanto sistema econômico, segundo concepção histórico-evolutiva da cidadania." Embora quem se disponha a esse uso so-

que escolhem enveredar pelo estudo da problemática da cidadania no Brasil hodierno é o viés do processo democrático em franca evolução no país, as relações sociais concretas e o impacto da citada globalização econômica de ares neoliberais que, afilhada da queda do socialismo real, obriga-se a contemplar o preconizado declínio de um capitalismo esgotado em si mesmo.

A ruptura tátil das integrações básicas indivíduo/ comunidade e comunidade/ coletividade recomenda que se perpassem garantias e compromissos para mergulhar na discussão dos fundamentos da dignidade humana e seus direitos, em atenção a ambos os vetores, perfazendo-se antes de qualquer outra uma crítica moral das implicações conceituais e aplicadas da cidadania.

Nesse diapasão, Falbo[270] aduz que definir a cidadania requer, antes de tudo, que se atente a dois fatores determinantes, a saber, a igualdade e liberdade — que se já nas ideologias e teorias políticas e sociais não se mostram tão apurados quanto seria desejável, sem apresentar nitidez em termos concretos, menos ainda o fazem em sua relação com aquela.

Cuidar de tema como o da igualdade significa delimitar, depois de se averiguar o lugar comum às partes, quem é igual a quem e em quê. Igualdade é o equilíbrio ou harmonia de tais partes naquele lugar, dada a posição que nele ocupem e de acordo com a legislação em vigor, já que a "justiça como igualdade depende da legalidade e com ela se identifica". Na ausência destas não é possível organizar e manter um todo equilibrado e harmônico: se alvejadas a igualdade ou a legislação que nela encontra respaldo, e o próprio ambiente necessá-

---

fra a crítica de Moás (loc. cit.), a autora credita a Marshall o mérito devido, assim como Reis (*Op. cit.*, p. 14-17), que arrola alguns dos aspectos falhos e não abordados pelo doutrinador, mas confessa que quase todos os demais estudos acerca da matéria tomaram suas conclusões como fonte e ponto de partida para seu empreendimento.

270  *Op. cit.*, cap. II.

rio a uma ordem social justa para que ali se dê sua adequada reprodução, tem-se a desordem. Percebida e concebida a ordem, o problema encaminha outro: a aplicação da legislação.[271] Afastados os motivos que não sejam científicos,[272] caso as desigualdades não sejam subjetivas, mas naturais, justas, talvez corrigíveis por intermédio do altruísmo ou da compaixão, e se vejam objetivadas culturalmente,[273] artificiais e injustas, ocorre seu recrudescimento.

Logo, caso sua aplicação não logre extrair real motivação de uma consciência de igualdade de oportunidade e acesso a todos os bens, sem nenhuma exceção, como valor a ser cuidadosamente preservado, não será a justiça existente na legislação que há de tornar a sociedade mais igualitária.[274]

Sem dúvida, é correto inferir-se, ao lado do doutrinador, que:

> Se, ao decidir no exercício de sua jurisdição, soluciona [o julgador] mais conflitos de direitos do que garante a igualdade real quanto aos direitos tutelados, a própria liberdade, como valor fundamental de referência do governo das leis, termina por não contar com o caráter genérico e abstrato das normas como sua garantia. E o próprio exercício legal do poder deixa de oferecer, por si só, as condições de explicação da efetivação da liberdade de forma diferenciada em situação de igualdade.[275]

---

271 Recordar o que se expôs sobre o assunto no capítulo precedente, quanto à atuação, por sinal na linha agora explorada por Falbo, do Poder Judiciário como garantidor da cidadania, conclusão a que chega o citado autor.

272 Não intencionais, casuais, irregulares.

273 Social, econômica, política e ideologicamente.

274 As piores, violentas, se travestem inclusive de formalmente jurídicas!

275 Seria preferível e conveniente nutrir menos expectativas afetas a técnicas hermenêuticas, periféricas e voláteis, é certo, embora sujeitas em tese a um controle efetivo, e mais uma postura adotada com destemor e consciência cívicos bem formados, em autêntica independência de condicionamen-

À semelhança da igualdade, da qual não diverge em termos absolutos, a liberdade como valor e conceito determinante também caracteriza a pessoa humana, distinguindo-a dos demais seres vivos. Consagrada a relação de solidariedade entre as duas que configura o cidadão, fica pela mesma autorizada a ilação de uma justiça que não é abstratamente igualdade, mas, *in concreto*, uma igualdade aferida pela liberdade — cujo sentido prático é o uso de ambas isoladamente e em conjunto.

A questão da vontade cinge-se à da autonomia ou da vinculação de decisão, autodeterminação ou obrigatoriedade de ação, inação ou reação, e não a um óbice real, pura oposição erigida em desfavor da liberdade que se põe cedo ou tarde, conquanto extensa sua generalidade, a simplesmente arregimentar um conjunto de quereres mais refinados, radicais e robustecidos, em que, confiante, se está a seguir o que é símile ao próprio íntimo.

"Sem os direitos necessários ao exercício da liberdade individual ou civil (...), o direito de participação do povo no exercício do poder político torna-se inviável", e, sem este, aqueles tendem a esmaecer. Para sua efetividade, deles carecem os direitos sociais, veículos "emancipacionistas" dos menos iguais e livres a competir, no bojo de uma sociedade civil plural, com suas reivindicações justas e injustas.[276]

Portanto, visto a olho nu, o amálgama engendrado pelo espaço urbano e cidadania é visceral, dialético e indissociável, tanto conceitual quanto empiricamente; ambos se fomentam e influenciam mutuamente, capazes de extrair o melhor e o pior do que possa repousar no ambiente e no ser humano, no que concerne à forma e ao comportamento, ao palpável e ao intangível, consciente e inconsciente, com tudo o que daí possa de-

---

tos e forças menores localizados, deste ou daquele teor.

276  Reis, loc. cit. Estar de ambos ou todos os lados, sem uma escolha, seria falacioso, indicando que já se tomou posição ainda que não se diga qual — de autoengano, fácil de divisar pelo engessamento implícito.

correr, do mais pacífico ao mais violento. Num sentido sadio, todo esforço pode ser bastante, mas toda a cautela ainda será pouca.[277] A energia investida, apesar das adversidades, haverá de ser compensadora.

## 3.2 Contradição e aviltamento

O que representaria no mínimo crassa insensatez, quando não uma opção estúpida[278] e infeliz, tem sido a lamentável realidade[279] nas cidades e na sociedade brasileira, respeitada a exceção setorizada e eventual manifesta, com efeitos parciais,[280] por governos populares locais, ONGs e entidades afins à promoção de um bem que seja verdadeiramente comum: a incessante alimentação e consequente aumento da compartimentação espacial e do afastamento social ou da segregação e exclusão correspondentes, interdependentes e estreitamente acoplados — a não existir um sem o outro —, desafiando a elaboração de projetos nacionais calcados nos objetivos de integração plena e coexistência humanizada.[281]

Pedro Castro[282] auxilia na investigação do tema ao mencionar que o urbano no Brasil é uma derivação de sua origem histórica e seu desenvolvimento econômico-social, fato que o torna peculiar e distinto embora se possam constatar algumas

---

277 Montagna, P. "Subjetivação contemporânea na metrópole". *In*: Tassara, E. T. de O. (Org.). *Panoramas interdisciplinares para uma psicologia ambiental do urbano*. São Paulo: EDUC, 2001. p. 71-86.

278 A memória guarda o apropriado chiste de Nelson Rodrigues, afiado e veraz dramaturgo pátrio: livremente, só existiriam duas coisas infinitas, a estupidez humana e o universo. Ele, contudo, tinha lá suas dúvidas quanto ao universo...

279 De qualquer jeito conhecida, seja estática, como resultado de violência distanciada, seja dinâmica, como agente de violência aproximada.

280 Porque é a ação conjunta que traz resultados desejáveis e duradouros.

281 Conscientizadores, mobilizantes.

282 Castro, P. *Sociologia sobre e sub urbana*. Niterói: EDUFF, 1993. p. 65-71.

similitudes, formativas e pontuais, com o ocorrido em outros países. Aponta, de início, que nos séculos XVI e XVII o processo de urbanização nas capitanias hereditárias esteve vinculado à migração dos portugueses, portadores dos conhecimentos técnicos que facilitaram a passagem do ciclo da cana-de-açúcar, e a correlata atividade pecuária, ao da mineração. Cita depois o duplo papel a que se prestaram simultaneamente algumas cidades: o de satélite em relação ao exterior e o de metrópole em relação ao interior, o que é bastante característico e identificador do sistema capitalista então em voga no mundo. Por último, refere-se à dicotomia entre o campo e a cidade — o rural e o urbano — como elemento determinante desta última, que serviu de inspiração e base para um considerável número de estudos de cunho sociológico, aqui e no estrangeiro.

Conclui, assim, que a diferenciação se encontra no caráter meramente infusor da urbanidade brasileira, submetida a alterações contínuas e ativamente assimiladas por uma reduzida parcela da população em função de seus recursos e dos benefícios auferidos. Sua inconformidade à falta de condições ou interesse em se permitir inculturar pelo restante da coletividade parece ser para ele uma das maiores fontes de produção de conflitos de fundo, cada vez mais preocupantes, que permanecem chamando a atenção.

De contorno particular nas áreas urbanas, tais conflitos deixam suas marcas no âmbito interno da sociedade, quer configurando-a em classes, quer demarcando o acesso à ação política, o que favorece o ostensivo e maior distanciamento de uma elite minoritária em relação ao conjunto do qual notoriamente faz parte. Desse modo, a dicotomia anterior perde seu sentido e dá lugar ao urbano/ suburbano.

A suburbanização pode adquirir formas diversas. Quando seu padrão se eleva ao do urbano e rural, é dita suburbanização sobreurbana, motivada, inclusive no Brasil,[283] por fatores idênticos aos que levaram a classe média a buscar refúgio das grandes metrópoles da América do Norte e da Europa, distanciando-se dos centros. No entanto, o que se percebe na maior parte, aqui e em países cuja incidência capitalista é assemelhada à nossa, é exatamente o inverso: são as pessoas que padecem de iníqua sujeição a uma qualidade de vida inferior — os pobres e os miseráveis — que vão ser amontoadas ou vão se amontoar à margem dos centros, gerando "mundos suburbanos".

Sob essa perspectiva em particular — centro/ periferia —, Rosa Moura e Clovis Ultramari[284] lecionam que sua compreensão não pode ser tão-somente geométrica e quantificada, visto que a expansão desordenada das cidades por um mercado de mãos especuladoras e gananciosas reforça o ciclo de pobreza que impele imensas levas de indivíduos a sobreviverem à míngua, sem qualquer serviço básico essencial e enfrentando um árduo deslocamento de horas a fio para o trabalho,[285] engessando o trânsito e a circulação em geral,[286] além de sufocar as áreas centrais à cata daqueles serviços ou de qualquer lazer gratuito ou barato — um quadro que atinge a vida urbana em cheio, por completo; fruto de uma lógica de apropriação perversa do espaço que ignora a demanda mínima do ser humano por moradia digna, transformada em mercadoria e objeto de lucro, incentiva o adensamento e a ir-

---

283 Os discutidos e discutíveis condomínios fechados, diversos dos guetos, pequenos quistos de uma classe média alta que começa a enriquecer e de já enriquecidos, nos quais absurdamente se particularizam vias públicas e se consumam privilégios que, por incrível que possa parecer, não existem ao seu redor.

284 Moura, R; Ultramari, C. *O que é periferia urbana*. São Paulo: Brasiliense, 1996. p. 10-31.

285 Quando existe emprego, logicamente.

286 Subproduto dos aglomerados do mau gosto que são os *shopping centers*.

regularidade que degradam e poluem o ambiente,[287] num desatendimento que acaba por bater à porta de todos: ao que se saiba, a ocorrência de inundações, a proliferação de zoonoses e a brutalidade da violência não são fenômenos seletivos nem corteses.[288]

A segregação do espaço urbano, que assim confere nome às cidades-satélites e cidades-dormitório e se debruça no oferecimento de melhores oportunidades — como higienizar e desinfetar — aos ocupantes de favelas e quejandos (como os modernos "complexos"), é justo aquela que os estigmatiza em cidades,[289] conjuntos habitacionais[290] — com arquitetura prisional, verdadeiras "cabeças-de-porco" —, vilas, moradias, comunidades e jardins,[291] dentre outros tantos eufemismos apaziguadores e igualmente apassivadores.[292]

Dois aspectos mui relevantes merecem destaque: as invasões de terrenos, lotes e glebas, e a presença de invasores em espaços públicos — os não-lugares, que não são a antítese de lugar nem traduzem negatividade, mas sim afetos ao contraste e à reprodução, com apoio no valor e no uso.[293] Depois de ver escoar, juntamente com seus ínfimos salários, a paciência e a esperança, atoladas em dívidas e receosas de perderem suas

---

287 O cúmulo da ironia é pretender educar ambientalmente justo os habitantes das periferias!

288 De comportamento adequado à Corte.

289 Por exemplo, a Cidade de Deus no Rio de Janeiro.

290 Há quem informe seu endereço pelo nome do conjunto e não pelo da via pública em que este se situa, o que significa que possuem a consciência de não pertencerem à cidade.

291 Nomenclatura comum a alguns cemitérios. Ato falho?

292 As vilas e jardins costumam ter nomes pomposos, de santos católico-romanos ou femininos. Por que, num país ufanista, devoto e machista como o Brasil?

293 Por entender que o espaço geográfico é social, Carlos os diferencia dos guetos urbanos — áreas de articulação solidária, dada a fragmentação do tecido — e do sentido de estranhamento típico da visita de turistas, para quem determinadas áreas urbanas são maquiadas como fotos (*Op. cit.*, p.104).

casas sem ter para onde ir ou ante o risco de serem removidas — o termo é esse, assaz depreciativo — para situação pior, certas vítimas de financiamentos escorchantes resolveram de um só golpe o problema que as afligia, decidindo-se pela invasão de áreas urbanas, mormente particulares. Ademais de pararem de arcar com prestações e aluguéis de elevação crescente e, fora isso, irreais, obtiveram mais: a chance de optar por esta ou aquela localização, ou seja, escolher segundo o critério elementar de sua premente necessidade e/ou melhor conveniência.

Quanto a essa predileção, Flávio Villaça explica que:

> Entre invadir uma região pobre — que é longe dos subempregos — e invadir uma mais próxima a eles, evidentemente a última opção é preferível. Na região mais rica estão as grandes fontes de subemprego das camadas mais pobres; note-se que não se trata apenas do subemprego masculino, do chefe de família. É também o das mulheres (domésticas, diaristas e balconistas sem carteira assinada) e das crianças (empacotadores nos supermercados, flanelinhas, ambulantes). Entre vender limões ou flores, pedir esmola ou assaltar motoristas em São Paulo, nas avenidas Brasil ou Rebouças, e fazer o mesmo na Aricanduva, na zona Leste, a primeira alternativa é preferida.[294]

O não-lugar, por seu turno, é um espaço de não-identidade, de não-história, de não-relação.[295] Como exemplo de espaço público desse matiz, ainda que possa ter nela embrenhados muitos outros significados,[296] a via pública — a rua — carrega consigo os dois que devem ser aqui colocados em evidência:

---

294 Villaça, F. *Espaço intra-urbano no Brasil*. São Paulo: Nobel, 2001. p. 235.

295 Carlos, *Op. cit.*, p. 109s.

296 Cf. id., ibid., cap. 6.

o de mercado, quer dizer, dirigido à troca; e o de moradia, que sucede, por igual, em praças, debaixo de viadutos etc.

A rua, de acordo com o estudo de Delma Pessanha Neves,[297] não é o lugar do desgarrado e do abandonado. Sujeita a ordens polarizadas, concorrentes, sedia vários conflitos de apropriação que precisam ser notados sob uma perspectiva muito mais temporal do que imediatista.

Processos como os de reterritorialização e cercamento, que costumam ocorrer em condomínios e favelas, isolaram os diversos segmentos da população, confrontando em seu seio, especialmente, a tensão entre riqueza e pobreza num único ambiente ambíguo, deformado, e esfacelando a desejada cumplicidade caseira, familiar, associativa e social. Sobram, isolados, esses seres que o penetram e vivem a pairar sobre praças, jardins e hortos, fazendo destes a extensão pública de sua casa,[298] aqueles incômodos para os quais, *mutatis mutandis,* se reserva uma área ou se consigna um limite onde é concedida a exposição e venda de mercadorias de pouca qualidade ou a prestação de serviços menos significativos. Tal dinâmica garante a reprodução ampliada de posições inter-relacionadas, redefinindo as fronteiras e consolidando as convergências que se ousam mostrar, presentes no companheirismo e na sociabilidade; o morador de rua e o trabalhador de rua, expostos à intolerância, aos perigos e à violência, aprendem a sobreviver à falta de espaço e à vociferação contra qualquer postura alternativa de vida.

Curiosa e desgraçadamente, em contrapartida, altas grades de ferro, grandes vasos de plantas e obstáculos de cimento unidos por correntes convivem sem reclamar em edifícios residenciais de um nível social considerável — uma adição irregular a seu espaço, reduzindo-se o dos pedestres, a calçada original e, a par de se murarem, as áreas de recuo

---

297  Neves, D. P. "Os miseráveis e a ocupação dos espaços públicos". *In*: *Caderno CRH*, Salvador, [s. v.], n. 30/31, p. 111-134, jan./dez. 1999.

298  Que foram, muitos deles, devidamente cercados, ao gosto da imaginada exclusividade da classe média padronizada.

obrigatório. Ruas com ou sem saída são fechadas com portões ou guaritas de controle para quem nelas não reside, enquanto comerciantes estabelecidos projetam suas bancas para além dos limites de suas lojas:[299] o que se percebe meridianamente, nisso tudo, é a subjacência de uma relação de poder sobre o espaço no qual esse poder se concretiza, em todas as suas escalas e dimensões, e do qual carece para poder sobreviver, seja por sua utilização, destruição ou produção.

Numa escala mais abrangente, a obsessiva trama que trouxe ao cadinho do econômico a totalidade dos problemas nacionais, sobremaneira os de caráter social, deu o braço, por um lado, à lógica do mercado capitalista, e por outro, à parte elitizada da sociedade civil para empalar direitos constitucionais que custaram muito empenho e luta política, restringindo assim a legítima ação democrática do cidadão dito comum através de um reconhecido afunilamento de teor fiscal e jurídico, de manipulação e casuísmo puros.

Ao vislumbrarem e se entregarem a um mundo ocidental sem arestas, hegemônico, que se impôs ao oriental silenciando-o,[300] reduzido a outro símbolo esférico de perfeição enganosa — a moeda — e fazendo dela a sua voz,[301] apoiados por um consenso que a mídia, interesseira, ajudou a construir,[302] a governança de trejeito empresarial, de totalitarismo amaciado, da des-ordem do Brasil, e sua afetada pretensa burguesia, subservientes a pulsões exógenas, anunciaram não querer, e não se disporem jamais a permitir, que os seus dominados e excluídos saíssem da alteridade e, cidadãos plenos, a eles se ombreassem.[303]

---

299  Gomes, *Op. cit.*, p. 179s.

300  Cuba e China são exceções.

301  Nelson Rodrigues afirmava que toda unanimidade é burra.

302  O sonho que se propõe à noite é, mais do que tudo, um terrível pesadelo ao acordar-se na manhã seguinte.

303  Vide Andreas Novy. *A des-ordem da periferia*. Petrópolis, RJ: Vozes, 2002. p. 350-359.

Tal qual Milton Santos,[304] de saudosa memória, poder-se-ia talvez indagar se realmente há cidadãos neste país; o que, por óbvio, de fato se indaga, facultando a resposta especificada a já aludida exclusão de tantos brasileiros, se comparados à atrofia de seu espaço. Relembrando Marshall, o geógrafo parte da constatação da existência, nas democracias modernas, de uma autêntica guerra entre a igualdade inerente à cidadania e a desigualdade que o sistema capitalista e a sociedade de classes trazem à tona. Observa, daí, que distante da raiz histórica da cidade no instante pós-feudal, lugar de liberdade onde se podia viver e trabalhar sem amarras e cangas, o cidadão brasileiro, padecendo nessa relação desigual, foi tornado um consumidor; tanto, que ainda por cima, se não se ufana, aceita inerte ser chamado pelo epíteto vulgar de usuário.

Essa ideologia da necessidade "de mentirinha" adula e aguça o desejo de possuir e consumir, atrelando a si a compulsão de uma vitória irreal, obtida mediante sua consumação. O consumidor, no entanto, é um não-cidadão, vítima contínua do limite e da parcialidade que o exila dos que buscam o sentido multidimensional da vida, nele moldando uma figura que beira o grotesco: a do cidadão sem um espaço sequer de qualquer espécie que lhe venha naturalmente a corresponder.

Ora, a liberdade conduz à ação. Se o espaço é produção e esta é livre, por certo irá se amparar naquele que é aferidor da aspiração pessoal de sorte a coadunar a parte com o todo, já que a individualidade é referente ao grupo. Mas não é assim na *terra brasilis*!

A falsa liberdade, solitária, age apenas em seu favor, em detrimento dos que se interpõem entre ela, o próprio interesse e o de outrem — o que os rebaixa a objetos, impedindo que cada qual obtenha seu espaço, configurando-a em primeiro lugar.

A cidade é um modo de vida pelo qual se valoriza o ser humano. Nela, devem reunir-se equidade social e territorial,

---

304  Santos, M. *O espaço do cidadão*. São Paulo: Nobel, 1998. passim.

já que o valor de cada um se define pelo espaço que ocupa e um cidadão não vale mais do que o outro. Daí, comportando o espaço todos os objetos, na distinção teórica entre fixos e fluxos reside o mínimo, o essencial, que é pertinente a cada um, isto é, o fixo público, seja ele econômico, social, cultural ou religioso, que instalado segundo princípios sociais funciona numa dinâmica não-mercantil: sem depender de lucro, mas no interesse coletivo.

No Brasil, não foram ainda definidos os serviços essenciais, exemplos de fixo público, nem se realizou o distributivismo geográfico adotado em países capitalistas mais avançados, propiciando uma verdadeira justiça social — o que implica em incomensurável prejuízo da cidadania para dezenas de milhões de pessoas. Numa escala menor, considerando-se a moradia como *locus* determinante, pode-se afirmar que a vida na periferia obriga a experimentar a mesma pobreza por duas vezes, já que o mercado não tem o menor interesse em disponibilizar aos moradores bens e serviços que não renderão o suficiente para superar o investimento despendido, muitas vezes com financiamento público. Atuando o Estado segundo os mesmos critérios e raciocínio, tem-se a nítida conceituação do cidadão de segunda ou terceira classe, sempre inferior aos outros, espoliado no cerne de sua vida cívico-política, em suma: sob vários aspectos, um zero à esquerda.

É claro que algo é feito e há alguns implementos aqui e acolá. Contudo, como se sabe à saciedade, o planejamento oficial não é prioritariamente de cunho social, mas obedece a uma matriz piramidal; nesse diapasão, a periferia acaba por receber recursos que podem ser classificados como de feição simplesmente residual, meras sobras sazonais. O Estado, que ao afinar a cidadania pelo território ocupado deveria salvaguardá-la, consente na discriminação que converte seres humanos em trapos sociais quando deixa de lhes garantir a dignidade de uma residência em que se possam dar, pelo menos, cinco passos na sala e nos quartos; um emprego com salário justo; saneamento básico que não vaze todo mês; atenção médica e educação fundamental de boa qualidade; policiamento que não lhes seja *a priori* hostil; transporte que não os assemelhe a gado; energia elétrica sem apagões e quedas de força; e, para finalizar, um lazer prazeroso e formativo.[305]

Como se não bastasse, o confisco operado pela goela estatal não para; satisfeita a sua ânsia após sorver a concretude, ela abocanha, ademais, o volátil. Aquele espaço da subjetividade, engendrado na mente individual e coletiva, se vê subvertido e reproduzido por dois expedientes principais, o telejornal e a telenovela, que, com o intuito de facilitar a leitura da realidade, terminam por transmudá-la em uma coisa diversa que passa a ser verdadeira para o cidadão crédulo, entorpecido em sua passividade: a realização de seu sonho,[306] tamanho o *stress* que a vida descarrega no cotidiano, só é possível se midiatizada indiretamente, como em espetáculos coletivos, de arena, e a sós, editados com visão projetiva[307] e de fim compensatório, identificador ou de sublimação — estéticos, críveis e estéreis, apenas e necessariamente para o momento.

Destarte, visa-se eliminar uma expectativa autônoma subjetiva, ou amenizar o descompasso gritante entre as percepções objetivas e subjetivas da cidade, homogeneizando-se os sentimentos e emoções estereotipados — controláveis e dirigíveis sem maiores dificuldades.

As cidades interiores de Italo Calvino,[308] tão diferentes, compostas em seu terno simbolismo por itens do estoque de

---

305 Moral e culturalmente, com menos competição e mais cooperação.

306 Quando pode tê-los, se é que ainda o consegue.

307 As pessoas se veem onde não estão como se ali estivessem. Sobre o futebol, especificamente, examine-se o interessante estudo comparativo de Gomes (*Op. cit.*, cap. IX) e, em âmbito maior, o que revela Guy Debord sobre essa nociva e fraudulenta espetaculosidade em *A sociedade do espetáculo*. Rio de Janeiro: Contraponto, 1997. passim.

308 Calvino, I. *As cidades invisíveis*. São Paulo: Companhia das Letras, 1990. passim.

cada cidade oculta pelas expectativas felizes que todos carregam, restam fulminadas. O espaço intocável — não sendo dado à vivência ambiental direta, mas que também se percebe corporalmente — é identicamente subtraído do cidadão, reduzido pela sedução aos valores mudos e à cultura, do palco e da tela.

Como já dito e repetido, sabe-se que a espacialidade se afere sem dúvida alguma pelo próprio corpo[309] — não só a física, apreendida pela visão como mostram as pesquisas sobre o comportamento de ratos sob superaglomeração, estudada por Edward Twitchell Hall,[310] como a de representação,[311] da qual se encarrega a imaginação criativa do ser humano tendo a primeira como modelo reativo, desencadeador. Claro está que uma é introjetada, e questiona, enquanto a seguinte, extrojetada, responde, adequando-se ou não ao que se acha atrelado a filtros culturais e fatores condicionantes pessoais, variáveis de uma cidade para outra — e dentro de cada uma em zonas ou bairros — como estilo de vida, montante dos rendimentos, grau de educação formal e, ainda, a espécie de trabalho desenvolvido, acrescentando-se por conta própria e sem licença alheia a educação informal, a estrutura familiar e a socialização.[312]

Eduardo Neira Alva[313] argumenta que a pluralidade cultural das metrópoles e sua heterogeneidade se refletem em atitudes diametralmente opostas, ressaltando a influência do

---

309  Bettanini, *Op. cit.*, cap. IV.

310  Hall, E. T. *A dimensão oculta*. Rio de Janeiro: Francisco Alves, 1977. passim. Cf., também a este respeito, a contribuição de Robert Sommer . *Espacio y comportamiento individual*. Madrid: Instituto de Estudios de Administración Local, 1974. primeira parte.

311  Id., ibid., p. 94-110.

312  Que não deixa de ser um aprendizado da maior importância, mas que tem sido simplesmente ignorado.

313  Alva, E. N. *Metrópoles (in)sustentáveis*. Rio de Janeiro: Relume Dumará, 1997. p. 23-26.

ambiente na elaboração das questões e na formatação da práxis de pessoas e grupos particularmente singulares. Veja-se o caso, descrito por ele, do operário com mulher doente e cinco filhos, que mora em casa em construção num terreno invadido no subúrbio e toma o trem, quase sempre atrasado, para ir trabalhar numa fábrica na cidade onde é mal remunerado; e o do gerente de banco com mulher e três filhos, que mora num imóvel que está sendo adquirido a prazo em bairro de classe média alta e vai com um de seus carros ao centro da cidade onde fica a agência do banco que o remunera muito bem.

Os dois têm problemas; só que o primeiro não se livra dos seus tomando uma bebida no bar ou indo ao estádio de futebol para esquecer a necessidade de subsistência, a saúde, o material de construção; nem o segundo consegue esquecer os seus, apesar de se preocupar com o dinheiro para consumo, com o trânsito engarrafado, a competição por cargos, a qualidade do ar e o medo de ser roubado ou sequestrado no fim de semana em sua casa retirada ou nas férias em Miami, embora aqui não haja porque haver anestesia social. O operário poderá, um dia, explodir; o gerente, quando muito, implodirá. Um vai atuar para fora, atingindo o que estiver diante de si; o outro, para dentro. O primeiro será considerado criminoso e ocupará uma cela fria de prisão; o segundo, neurotizado, semanalmente recostar-se-á num divã macio de analista[314] já reservado, assim como a cela, para quem teimar em atestar que a cidadania e a cidade *do* um são a cidadania e a cidade *de* outro,[315] isso sim, se evidencia viável, que a diferença é a pedagoga da reação: não só a distinção da cidadania, mas a do ambiente; não só a do espaço físico, mas a do que se gera no âmago mais profundo do ser, qual ícone, a partir do hu-

---

314 A realidade crua embrutece e desvincula. O operário nesse caso, conforme o seu limiar psíquico e depois de algum tempo de rotina causticante, já não se sentiria mais ligado à cidade de qualquer maneira.

315 A inversão na redação desconcerta, sim, embora não seja falha; é artifício simbólico, inteiramente proposital.

mano e sobre ele no meio em que se encontra, porque quem reage não possui o condão de alterar a cidadania-lixeira que lhe coube arrastar, nem o ambiente-esgoto que lhe foi dado amargar. Logo, sua alternativa é, com certeza — por exclusão, operada pelo excluído —, o *alter,* aquele que na ousadia ou na covardia, na ação ou na omissão, responsável ou levado por sua irresponsabilidade, assim o fez ou, no mínimo, para tanto colaborou.

Em relação aos espaços de características fixas,[316] Hall assim os descreve:

> O ponto importante em relação ao espaço de características fixas é tratar-se do modelo no qual forja-se grande parte do comportamento. Foi a esta característica do espaço que se referiu Sir Winston Churchill ao dizer: "*Damos forma a nossos prédios e eles nos dão forma*" (grifo nosso). Durante o debate sobre a restauração da Câmara dos Comuns, após a guerra, Churchill manifestou o temor de que o abandono do padrão espacial íntimo da Câmara, onde os adversários encaram-se frente a frente, numa galeria estreita, alterasse seriamente os modelos de governo. Ele pode não ter sido o primeiro a pôr o dedo na influência do espaço de características fixas, mas os efeitos deste jamais foram tão sucintamente expressos.[317]

A cadência que aqui se trouxe a lume desvela, pois, a cidade em seu traço de categoria ecológica fundamental, tanto sob um prisma urbano quanto humano, uma visão correta, embora parcial; melhor talvez fosse a social, mais condizente enquanto aguardamos a construção teórica de uma ecologia

---

316 Diferente do espaço de características semifixas e do informal, o de características fixas organiza as atividades de indivíduos e grupos, incluindo manifestações materiais e ocultas.

317 *Op. cit.*, p. 99.

da própria cidade,[318] um ponto de vista típico, distintivo, respeitada a sua imbatível complexidade, quer dizer, uma ecologia completa, socioambiental.

O totalmente Outro,[319] o absoluto, o distante, o intangível, o que não se pode discernir pelos sentidos senão de modo indireto e mediato, é, somente, o ápice de todas as Teologias, que além da cristã, ao reconhecê-lO supremo, propõem como o objeto ao qual se deve dirigir a religiosidade um outro relativo, próximo, ao nosso alcance e que se pode sentir — um igual, em suma —, porque o divino está no humano e não o contrário.

Com efeito, agora, com os pés no chão, os concidadãos se religam, tal qual os que compartilham a mesma espacialidade, real e ideal — sobrepostas, sem diferenciação; e se desligam, dela e de sua própria essência, quando se desumanizam, se divinizam pela satanização e usurpação do espaço dos demais, esquecendo que estes ainda a eles se religarão com sua devoção a uma violência concreta, em resposta a uma violência simbólica.[320] Perplexos, a cidade e até o planeta pedem a eles reiteradas desculpas por sua existência...

---

318  Que se desconhece.
319  Referência feita à Divindade.
320  Terminantemente antiecológica.

# 4. A Criminalidade Violenta no Meio Urbano

Fixadas as bases para a categorização ecológica do meio urbano, que são o espaço e a cidadania, demonstrados a contradição que arruína aquele e o aviltamento que espolia esta, cumpre adentrar o exame do tormentoso assunto da criminalidade violenta que sói ocorrer em seus limites. Se o fenômeno, reportado *ad nauseam,* já era desafiador para quem, simplesmente, só o conhecia através das notícias, imagine-se então para aqueles que, atordoados, o presenciaram e chegaram a experimentá-lo, tendo conseguido sobreviver ante a sensação de uma impotência absoluta, seguida de um pavor traumatizante.[321]

Num primeiro instante, depois de explicações que removam as diferenças de ótica, restando arejado o campo de estudo, verifica-se seu sentido na degradação que corrompe e mina o meio urbano, cuidando-se de sua conceituação, suas raízes, dos fatores que a desencadeiam, da forma que ela tem adquirido, da rotulação que se lhe quer impor e de como se dá sua reprodução. Num segundo, comentam-se as reações por

---

321 Algumas pessoas se dizem até acostumadas a isso, de tantas vezes que já foram vitimizadas por seus pares de cidadania e de vitimização, esta oficial, sem sangue, aparente, lenta e reativa; e que nem sempre se percebe apavorante, embora soe definitivamente incontrolável.

ela provocadas, as quais são tão ou mais deletérias do que a própria ao visarem combater seus efeitos superficial e temporariamente, mas não suas causas, em longo prazo e profundidade, como se observa no papel desempenhado pela mídia,[322] na distinção de casos e pessoas, no sucateamento policial e na mantença do arcaísmo jurídico-legal.

## 4.1 Degradação com sentido

Mortes, agressões físicas, ataques patrimoniais feitos diretamente às pessoas ou por seu próprio arrebatamento, diversas outras violações corporais e quejandos são o que mais tem deixado a sociedade brasileira perplexa, recolhida e assustada, dada a frieza, a brutalidade e os abjetos requintes de maldade com que verdadeiros monstros perpetram tais atos que transformaram a cidade num louco circo de horrores.

Indignação, desprezo, anseio por vingança e ódio visceral são os sentimentos comumente presentes nos indivíduos ditos "de bem", que se veem como paladinos últimos de uma vida ordeira e sossegada há muito desaparecida da urbanidade onde grassa a criminalidade violenta.[323] Muros e grades elevados, portões eletrônicos, aparatos visuais e sonorizados, ofendículos e vigilantes até armados compõem a paisagem de ruas e avenidas sem gente, ou povoadas de gente prevenida, com mil olhos atentos, nas quais condutores carrancudos dirigem, às pressas, veículos de portas trancadas e vidros fechados, uns poucos blindados, sem a fruição da brisa suave ou do frescor, suando a canícula ou aliviados dela, e do frio cortante, pelo ar condicionado.

---

322 Outrora, somente na chamada imprensa especializada.

323 Está-se diante da perspectiva do senso comum do ser medianamente considerado, o que não se confunde com o bom senso. Para ele não importam as lógicas interna e externa de uma explicação, desde que exista alguma que o exima de responsabilidade e de ação.

Mais segurança pública! Este é o moto perpétuo dos candidatos de ocasião, dos prometedores públicos sazonais e dos políticos estabelecidos, já profissionais muito bem colocados e sucedidos, cuja maior atividade parlamentar consiste no esbravejamento de ocas palavras de ordem. É assim que se comportam cordeiros e lobos na fábula modernizada em que acabam se dando, com a escolha de um inimigo comum que se revolta, que não se submete, que ousa recriar a vida, mesmo ao avesso, sem ter mais nada a perder, por já lhe terem tirado tudo ou quase isso; é, também, a visão simplista, paliativa e analgésica, dos engodados e dos engodadores, de cegos e de caolhos acostumados à beira d'água e ao nado na superfície.

É óbvio que não se pretende fazer aqui a apologia do caos social desenfreado, nem empreender a defesa intransigente de quem, alimentado por sua razão e vontade incompreensíveis aos demais, parte para o tudo ou nada sem medir as consequências ou envereda, por qualquer dá cá aquela palha, por um rumo de destino final extremo. O importante é o desbaste crítico do evento em seu cerne, numa exposição coerente, localizada com precisão e assumida sem tibieza.[324]

A abordagem da criminalidade violenta no meio urbano requer, portanto, que se façam alguns esclarecimentos prévios, de identificação conceitual. O que é crime e o que é violência? O que faz uma ocorrência urbana diferente da rural e por que sentido e degradação? Procuramos, apesar de reconhecíveis limites envolvidos,[325] apresentar uma resposta às indagações acima.

---

324 A doutrina se vale de nomenclatura variada, segundo o(s) saber(es) a que cada autor esteja ligado e o que pretenda dizer. Ademais, não há postura isenta e pura em ciência, ainda mais nas sociais. O isento ou imparcial ou não sabe direito, ou não quer esclarecer de onde fala; é omisso, pois se não há que se embevecer o sujeito com o objeto, não será distante dele que se poderá compreender a sua essência.

325 Tempo e espaço disponíveis, além de fatores pessoais.

*A priori*, é mister que fique evidenciado o que objetivamos ao pensar em criminalidade violenta no meio urbano. Existe a intenção de tratar das ações — que envolvem meios notórios, apassivadores e paralisantes de coerção física e, bem menos vezes, moral, perpetradas ao derredor da urbe, levada em devida conta a perspectiva ecológica — em geral praticadas por integrantes das classes mais rebaixadas na escala predisposta por esse malfadado capitalismo globalizado, neoliberal e mórbido, de subsistência tardia, em desfavor dos seus igualados, mas, sobretudo, dos que nela os encimam, em sua maior parcela por fatores patrimoniais.

Sendo o crime o rótulo justificante e legitimador dos direitos dos aparelhos do Estado — uma aposição seletiva e a qualquer tempo removível, não implicando o uso de força contra a vítima ou dependente de serem necessariamente desfavoráveis as circunstâncias socioeconômicas de seu autor —, o processo de criminalização nada mais é que uma injunção convencional a pôr em xeque quanto às condutas cruéis, típicas da artificialidade, um exercício de poder[326] que rotula e estigmatiza, à sua imagem e semelhança, as que serão passíveis de controle, juízo e punição parciais; vale dizer, exato aquelas que correspondem à sua fraqueza, exposta por intermédio dos que a sofrem mais.

Optando por enfocar a questão dessa maneira, não desatendemos o Direito Penal e a Criminologia; mantemos fidelidade ao acento particular que nos propomos seguir, penetrando no âmago da qualidade adjacente à configuração do tipo ou comportamento desviante, como se queira, conquanto se dê inegável destaque, em virtude da possibilidade de discutirmos o relevante tópico da prevenção do agir negativo e de não estarmos tão atrelados assim ao seu regramento formal e positivado, a aspectos atinentes à ciência investigativa. Con-

---

326 Cf. as implicações existentes entre poder e violência, consoante seu significado no pensamento instigante e todo peculiar de Hannah Arendt, *Sobre a violência*. Rio de Janeiro: Relume Dumará, 2001. cap. 2.

vém, daí, esmiuçar o conteúdo da violência real em si e de sua contraparte urbana, relacionando-as a uma ou mais tendências das disciplinas acima aludidas.

A violência sempre esteve presente no ser humano — ente capaz de querer para si e só para si —, sendo percebida internamente no encontro com o outro, que é igual e diferente ao mesmo tempo; esteada nas disfunções morais do egoísmo, do orgulho e da cobiça entre as quase se inclui, respectivamente ligadas às necessidades básicas,[327] à autoestima e ao senso natural de posse, é amenizada somente pelo agregamento em pequena escala — de laços de sangue parentais e comunais[328] — e pela coexistência em larga escala — a vida em comunidade.

Portanto, sejam quais forem os parâmetros ou critérios que se possa ter em mente, afastados os transtornos patológicos, a única explicação plausível para a violência, sem tergiversação, é a desumanização do próprio ser, o antagonismo consigo mesmo e o autoendeusamento: o caos, a insegurança e a falta de medida em nível pessoal.[329]

Com efeito, externamente — ou seja, quanto à violência percebida pelo outro — podendo ser em termos[330] dominada a que advém de seu desimpedido exercício de vontade, como assevera Hermes Ferraz,[331] é facultada ao indivíduo a chance de reumanização através da capacidade de desenvolver e dar vazão aos valores do altruísmo, da autoaceitação e do comedimento.

Por tantas vezes confundida com a agressividade, que não é essencialmente ruim,[332] e com outros impulsos de raiz

---

327 A saber, a fome, a sede, o sono, etc.

328 Nos clãs e tribos.

329 Cf. Yves Michaud. *A violência*. São Paulo: Ática, 1989. p. 12-14.

330 Caso ele opte por isso, obviamente.

331 Ferraz, H. *A violência urbana*. São Paulo: João Scortecci, 1994. p. 19.

332 Porque impulsiona o ser humano a agir, a participar, enfim, a realizar algo. Além disso, é de fundo etológico. Atente-se, também, à ocorrência do

emocional que se traduzem em ações e reações de forte carga negativa,[333] a violência, em seu significado primitivo que prevalece,[334] traz do sânscrito a noção de predominância, de potência e de dominação, como anota Michaud.[335]

Aí está a oportunidade para que se volte no tempo: a violência não reside em nada mais que no ser humano, que a percebeu em si mesmo através do outro, a projetou nele e teve sua consciência despertada pelo descontrole de sua agressividade ou, o que é mais provável, sofreu tal evocação ao observar a maneira como se comportavam os animais em seu estado selvagem, bem registrado em sua passagem pela caverna: a diferença foi agir com seu *plus* de racionalidade.

No Paleolítico era muito comum a violência entre bandos e indivíduos; matava-se usualmente por nada, bastando tão-somente que se encontrassem, como apontam Jean Guilaine e Jean Zammit.[336] No Neolítico, realizados já alguns progressos, surge a pior de todas as desgraças humanas: a guerra; o avanço tecnológico repercute célere no aperfeiçoamento das mais variadas formas de violência, dirigidas ao afã de conquistar pelo extermínio — sacrifícios, imolações, degolas, trepanações, ferimentos extensos e profundos.

De fato, a mão que agarra o instrumento é a figura da humanidade que inicia a produção de sua cultura, o "animal carnívoro-omnívoro" que inventa, deixa a continuidade e imediaticidade da natureza para aprender a caminhar do excesso ao limite, nostálgico por não poder mais retornar a ela sem

---

*stress* e à descarga de adrenalina (funcionais).

333 Por exemplo, a crueldade e a perversidade.

334 Por razões notórias, a *vis*, do latim, significa força.

335 Michaud, *Op. cit.*, p. 8.

336 Guilaine, J.; Zammit, J. *El camino de la guerra*. Barcelona: Ariel, 2002. p. 45. Vale realmente a pena ler o fascinante estudo acerca da morte de Abel perpetrada por seu irmão Caim no Gênesis bíblico veterotestamentário, p. 72s, comparando-o à abordagem de Roger Dadoun. *A violência*. Mem-Martins: Europa-América, 1998. p. 15-21.

afrontar seu caráter humanizado. Ao contrário do que sucede aos animais, que não se excedem, o ser propriamente humano, e assim permanecer, é não se exceder jamais para além do limite da humanidade alheia.

A violência *per se*, pois, não é ecológica nem natural, não obstante sua estreita vinculação etológica ao instinto animal. Deste à pulsão, e, daí, à cultura, que vem a se relacionar, independentemente de determinado ambiente — maior, menor, com um ou outro traço marcante —, a um comportamento nomoespacial predatório, cabe a pergunta de até que ponto poder-se-ia falar de uma real evolução da espécie humana, ao invés de um paralelismo de adaptação mui facilitada, em especial no meio construído.[337]

Assim como a cidade murada e fortificada,[338] povos e impérios[339] seguiram todos o mesmo rastro, a espalhar o horror e a barbárie que durante a Idade Média e períodos subsequentes foram cada vez mais se aproximando do ambiente urbano, até que lograram dominá-lo por completo; de sorte que o novo, neste caso, está nesse caldo nutritivo para onde migraram levas de gente acostumada à vida rural, que ajustou à urbanidade sua violência potencial e atual. A mesma coisa se pode constatar quanto à marcha do tempo e às formas de opressão típicas de cada época em particular.

Agora, deixando de lado a simples ação ou reação como força muscular, centrada numa constante individual ou de grupo a grupo para disputar a posse de um objeto material qualquer, penetramos no âmbito da violência difusa — recordando sua imbricação com o poder, a etimologia do vocábulo e o fato de estar no ser humano — que se dá na cidade e se dis-

---

337 Michaud, *Op. cit.*, p. 72-75.

338 Guilaine; Zammit, *Op. cit.*, p. 203-246.

339 Anthony Pagden. *Pueblos e imperios.* Barcelona: Mondadori, 2002. passim.

tingue da rural, isto é, que não se encontra adrede voltada para um sujeito específico e cujo objeto primário não é material.[340]

Violência urbana é hoje, segundo Ferraz,[341] uma expressão redundante, já que a grande maioria dos fenômenos sociais ocorre justo nesse meio onde se verifica a incidência —nefasta, embora explicável — da ancestral violência humana, adaptada a seus contornos e responsiva às inevitáveis condições de confirmação da economia de um dado poder[342] que ali eclodem, e onde tal violência insinua seu sentido e finalidade,[343] como Dadoun muito bem o demonstra:

> Somos, de início, atingidos pela proximidade existente entre poder e violência: sempre, e de qualquer forma, o poder afronta e utiliza a violência e esta, por sua vez, exprime uma certa forma de poder. Mais ainda: existe uma extraordinária familiaridade entre poder e violência, laços tão estreitos, tão ligados à sua estrutura, que somos levados a pensar que o único problema do poder é a violência, e que a única verdadeira finalidade da violência é o

---

340 Na realidade, ele é secundário, um meio para comunicar uma mensagem ou indicativo de um objeto imaterial; ou então é meramente circunstancial, não possuidor de significância relevante ou de importância alguma em si mesmo. O sistema, certamente, é um só.

341 *Op. cit.*, p. 20.

342 Ou o poder de uma economia, tanto faz.

343 Ora, inexistem áreas ou setores que sejam absoluta e propriamente violentos, ou de violência no meio construído; é justamente o oposto que precisa ser ponderado. Por isso, aí reside a falha de maior expressão na teoria criminal ecológica da assim denominada Escola de Chicago. Sobre os seus aspectos positivos, e aproveitáveis em dias como esses de um autêntico pânico, leia-se, em especial quanto ao método e à prevenção, o artigo de Sérgio Salomão Shecaira "Importância e atualidade da Escola de Chicago". *In: Discursos Sediciosos: Crime, Direito e Sociedade.* Rio de Janeiro, ano 5, n. 9 e 10, p. 149-168, 1º e 2º semestres 2000. Numa perspectiva ambiental, cf., por igual, a didática obra editada por Paul J. Brantingham e Patrícia L. Brantingham. *Environmental criminology.* Prospect Heights, Ill: Waveland Press, 1991. passim.

poder, seja de que forma for. Ainda num esforço de ligação, seria permitido dizer que existe, no âmago do poder, a violência, e no âmago da violência, o poder.[344]

Pois bem, se a função de um poder é estabelecer e manter uma ordem de cunho democrático e universal, sua violência — incruenta, paciente e dispersa, mas destruidora e letal nos efeitos que legal e impunemente produz —, calcada na sola dos interesses e bem-estar alienígenas para o sustento de sua ordem e a de seus asseclas e apaniguados, se resolve às claras, no presente, numa desordem de exclusão da vida como um todo — do passado e do futuro — de inescusável finalidade tanatológica.

Assim se degrada a urbanidade/ humanidade, seu espaço e seu cidadão — o chão sobre o qual se ergue e o sonho que o mantém de pé! Não lhe resta, portanto, alternativa: ou fica logo agachado ou não mais se levanta. Poder e desejo, respectivamente, ou induzem pela autoanulação ao colapso da mera sobrevivência — mortos-vivos, zumbis humanos — ou impelem à violência pela catarse da ansiedade e do medo, da impotência e da fragilidade. Que remédio, se ordenados nessa mixórdia provocada os movimentos e as lutas sociais — uma postura de meio-termo, vá lá — vêm dar num *nihil* abissal?[345]

A equação, portanto, é por demais evidente para ser ignorada, com tamanha presteza, por quem gera e nutre o problema e *a posteriori* o indigita, como algo a ser combatido por todos, sem a menor noção do que deve fazer com sua insana criatura. "Ora, o ser humano cheio de aspirações e sem nenhum poder de realizá-las, torna-se, de uma ou de outra forma violento",[346] é o que conclui Regis de Morais. Enxergando o

---

344  *Op. cit.*, p. 65.

345  Castro, *Sociologia...*, 2ª parte, caps. 5-7. Ademais, compensa a anotação do oportuno "alerta militante" de Ermínia Maricato. *Metrópole na periferia do capitalismo*. São Paulo: HUCITEC, 1996. p. 101-105.

346  Morais, R. *O que é violência urbana*. São Paulo: Brasiliense, 1981. p. 33.

fenômeno sob o ponto de vista socioambiental pode-se dizer, então, que a violência urbana é desencadeada por dois fatores básicos que, distanciando mais e mais as espacialidades uma da outra, acabam por romper a resistência dos laços integradores da cidadania oficial: o esboroamento corrosivo do espaço concreto, físico, geográfico e real; e a expansão idílica do espaço metafórico, evanescente, volátil e imaginário.

E quanto mais, pior. À medida que aumenta o espaço imaginário — diferencial, nessa lógica maldita —, recrudesce o potencial de violência no ser humano; sendo esvaziado e fulminado o seu *status* de cidadão, por menor que seja, este passa a atuar numa radical e totalizante espiral de destrutividade: facínora, meliante, bandido, delinquente, marginal — são os vocativos mínimos, o máximo que ele pode esperar de uma sociedade à qual não pertence e que assim se fez para ele, que não poupou esforços para desta maneira o vocacionar, fazendo dele o seu oposto degradado, com sentido letal. Sua imagem fotografada[347] carrega igualmente este estigma de horror, revelando com precisão irretocável como a sociedade e cada um de seus assépticos membros são vistos por ele.

A história recente — que ainda viva na mente nacional[348] guarda a incontida sanha de quadros tresloucados com poder de decisão, parte ativa no período de exceção vivido no país — acelerou e qualificou, irresponsavelmente, o que seria, e era mesmo natural que viesse a acontecer — apesar de não tão depressa e com a intensidade com que se verifi-

---

É deveras curioso que as principais teorias psicológicas da criminalidade não tenham se aberto à consideração dos efeitos sobre a psique do ingrediente "poder". Vide a respeito a literatura nacional e estrangeira; por todos, o clássico Odon Ramos Maranhão. *Psicologia do crime*. São Paulo: Malheiros, 1998. passim. e o excelente Miguel Clemente; Pablo Espinosa (Coords.). *La mente criminal*. Madrid: Dykinson, 2001. passim.

347  Boneco, na gíria policial.

348  A literatura a este respeito é já abundante e bastante consumida; a memória do povo, que existe de verdade, é que é seletiva.

cou — a organização mimética[349] de um poder, ou melhor, de um verdadeiro paralelismo institucional. Até então existiam as quadrilhas, sim, mas dotadas de um feitio associativo rudimentar, ingênuas mesmo, se desse modo se pode falar, já que lhes faltava certo grau de aperfeiçoamento e sofisticação estruturais. Tal fraqueza foi acusada, de 1967 em diante, pela cruzada antipopular — de uma força bruta nada cristã — e sua infernal temporada de caça humana, abrindo novamente[350] as portas ao que viria a ser o mais temível pesadelo social que se poderia imaginar, para todos, de qualquer ideologia: se usassem a cabeça para pensar, certamente não teriam repetido tamanha insensatez.

Narra Carlos Amorim[351] que entre os anos 1969 e 1975, com o encarceramento gradual de sessenta e seis militantes na galeria B — o "fundão" do já desativado[352] presídio da Ilha Grande, Instituto Penal Cândido Mendes e antiga Colônia Correcional de Dois Rios, sito no belo e aprazível litoral sul do Estado do Rio de Janeiro —, advindos das principais organizações revolucionárias em operação contra o regime imposto ao Brasil naquele momento e devidamente condenados pela soturna Lei de Segurança Nacional, oportunizou-se, a bem dizer, um intercâmbio de informações e experiências com os que integravam a nata da violência urbana naquela unidade da federação, praticantes de assaltos a bancos, joalherias, instituições financeiras e sequestros, na realidade presos comuns cujas penas por tais condutas haviam sido majoradas com lastro em mais uma inovação equivocada — o acréscimo do artigo 27 —, ao mesmo diploma legal em vigor na ocasião, resultando daí sua conscientização, politização e disciplina,

---

349  Lembre-se Girard (*cit.*).

350  A última vez fora durante o chamado Estado Novo: por sinal, errar mais de uma vez tem nome conhecido pelo povo desde a época de criança.

351  Amorim, C. *Comando Vermelho*. Rio de Janeiro: Record, p. 39-58.

352  Como se a medida facilitasse o esquecimento...

bem como o repasse do preparo tático, estratégico e logístico que tinham obtido e que de fato lhes foi de grande e inestimável valia.

De nada ou quase nada serviu na prática o inusitado encontro para aqueles que ouviram sobre a intrepidez e ousadia de seu *modus operandi* pelas ruas cariocas, pois os tais presos políticos logo seriam transferidos para o Complexo Penitenciário da rua Frei Caneca, no Estácio, bairro do Rio de Janeiro, onde assistiriam ao final da ditadura militar e receberiam anistia. Dessa forma surgiu o Comando Vermelho em 1979, tendo por fundador William da Silva Lima, o Professor, cuja origem remonta ao infeliz legado daqueles homens que resistiram ao fel do golpe militar de 1964, a Falange[353] Vermelha.

Por cores vermelho e branco e por lema paz, justiça e liberdade,[354] brotaram ao longo do tempo dissidências e ramificações; contudo, a organização impecável dos vários grupos criados e ativos, que vem perpassando suas cadeias de liderança a desafiar este poder constituído que se atrapalha inteiro em seu enfrentamento, é digna, sim, da maior nota, sobretudo se aferidos "índices" como, por exemplo, o "quanto" de moradia, nutrição, saúde, educação formal e recreação de boa qualidade, foi e é garantido a cada membro na infância.

Ainda que incipiente, esse poder paralelo,[355] ou ao avesso, exige fidelidade; chega a possuir estatuto[356] e é encontradiço em zonas ou áreas de segregação — de franca exclusão

---

353 As diversas facções rivais existentes eram conhecidas, no presídio da Ilha Grande, por falanges: Falange Zona Sul, Falange Zona Norte, e daí por diante. Posteriormente, autodenominaram-se Comandos.

354 Esse breve ideário é sua visão do real; não se trata de chacota, não! O que funciona no Brasil é a busca hercúlea por superar a má tendência que notoriamente o infesta.

355 Negado com veemência pelo oficial, que se busca firmar.

356 Como o do PCC — Primeiro Comando da Capital ou Partido da Comunidade Carcerária —, por exemplo, associado em São Paulo ao Comando Vermelho.

como favelas e prisões —, territórios ou espaços físicos assaz degradantes e que foram, criativa e inteligentemente, transformados em sedes conquistadas e quartéis-generais.[357] Embora use de violência, e muita por sinal, palavra é palavra; o certo se diferencia do errado clara e nitidamente: só se mente e se falha uma única e derradeira vez.

Marcos Alvito Pereira de Souza introduz, crua e docemente, essa espécie de antiética ou de ética do contrário, direito forjado do lado de lá ao qual não está acostumado quem habita o de cá, e sobre o qual é necessário refletir, sem o menor preconceito:

> Um morador diz que, "em outros tempos", já viu "muito nego apanhar, mesmo estando com AR-15 na mão". Vale lembrar aqui a lição de R., que me confidenciou na Lemos Brito: "é preciso alguma ordem; o que controla a cadeia não é a força, e sim a influência e o respeito". A autoridade do chefe acima do poder de fogo, ao contrário do que se pensa. (...) Tonicão gostava de dizer: "eu sou pela lei, pelo certo e o errado", o que foi confirmado por um morador, saudoso e emocionado: "ele era justo, ele era pelo certo".[358]

Como tanto se usa fazer,[359] pretender rotular de crime organizado tais manifestações, que gritam a nudez vergonho-

---

357 De lá, controlam-se com rigor as atividades de um extraordinário número de pessoas, com todas as sabidas dificuldades que se apresentam. A obediência é indiscutível, sem memorandos passados por fac-símile, redes informatizadas, refeições de negócios, discursos, viagens, agenda, *press releases*, aparições televisivas, discussões palacianas e todo um cerimonial de pura ineficiência; bastam um telefone celular ou uma visita, só isso. E eles estão "presos". Volte-se depressa, e logo, à lucidez de Arendt!

358 Souza, M. A. P. de. *As cores de Acari*. Rio de Janeiro: FGV, 2001. p. 283

359 O índio, o negro, o pobre, o migrante, o imigrante, o esquerdista, o sem-terra e o sem-teto, dentre outros, são assim rotulados por essa hipócrita classe dominante, que só domina em função da violência endêmica que a acomete.

sa que conseguem enxergar lá de baixo, onde foram postos os seus componentes, é sandice reveladora de duas odiosas impropriedades, uma absurda e a outra, ridícula:

> — a primeira é a confusão de se querer identificar quem pratica o crime com o crime praticado; ter-se-ia, então, um direito penal de autor, e não de ação, fator que justificaria a eliminação do crime pela de seu praticante; ademais, se levanta qual antifênix rediviva, se é que um dia foi sepultada, a matriz lombrosiana de que já se nasce criminoso; daí à purificação social, leia-se, da raça dos seres bons, é um pulo só, e dos bem pequenos.
> — a segunda é a falácia encantada de que haveria crime desorganizado, não tão pernicioso quanto o seu oposto: a classificação detestável de crimes evidencia, no mínimo, a ausência de técnica ou mesmo técnica ruim; criminalização insuficiente, portanto, demandaria em composição mais criminalização-ato, como os juros; unir-se a outrem, excluindo-se essa elite imoral e individualista, desafia e canaliza sua ira cega.

Semelhantemente, a expressão "organização criminosa" padece de ambiguidade desde o início. Afinal, não seriam também criminosas aquelas organizações legais que oferecem, direta ou indiretamente, contribuição generosa e abundante para que o cidadão, acuado, desande, se perca, e acabe por se achar caído na senda do crime?[360] Não: criminosa, propriamente, apenas naquele sentido mais amplo e vulgar, mas agente criminógeno sem dúvida, o que nas mentes judiciais

---

360 A pergunta é, por óbvio, retórica, mas a hipótese não.

arejadas[361] tem servido como razão para diminuir a quantidade de pena aplicável aos que sob tal pressão — avaliada com toda a severidade e fundamentada a contento — a ela tenham cedido, e infelizmente delinquido.

Essa criminalidade violenta que se reproduz de maneira vertiginosa na cidade hodierna é desta forma sintetizada por Leonardo Boff, extraindo preciosa lição da teoria de Girard:

> A violência dos marginalizados e oprimidos é reflexo mimético da violência primeira e modelar das classes dominantes, que impedem a realização do desejo das maiorias. Os oprimidos são violentos porque se encontram, à sua revelia, enquadrados numa sociedade violenta.[362]

Forma-se, com efeito, um círculo vicioso de férrea violência que gira aceleradamente e se procura camuflar, a descoberto, como antiviolência mimética, num *continuum* aparentemente incontrolável que banaliza a vida humana e seus valores mais caros. O desespero, entretanto, é inútil; a pressa deve abrir caminho a ações consequentes, o que leva tempo, pois há muito se vem fomentando a morte, e não se vai nunca reerotizar a existência com uma tacada apenas, e de mesmo sentido. Nessa democracia incompleta e de benefícios parciais, as reações à turbulência do cotidiano só têm produzido, diga-se com pesar, frutos podres.

## 4.2 Reações também deletérias

Os que infringem as regras penais, ou se comportam de maneira socialmente desviante, são aqueles que se negam

---

361 Que não receiam valer-se do princípio da corresponsabilidade social por ser simplesmente justo fazê-lo, colocando de lado, naquele instante de julgar o outro, sua bagagem ideológica e específica condição de classe.

362 Boff, L. *A voz do arco-íris*. Brasília: Letraviva, 2000. p. 57s.

terminantemente a nortear suas vidas segundo os elevados padrões venerados, consagrados pela coletividade — ou, melhor dito, pela quase totalidade do conjunto do tecido social, porque algumas partes dessas louvadas regras e mui nobres padrões comportamentais são despreocupadamente ignoradas, enquanto outros são suportados como um imenso peso morto.

Nem todos os indivíduos estão de pleno acordo, real e sinceramente, com os parâmetros formais e informais de conduta a que se veem obrigados; ora os acham por demais rígidos, ora excessivamente permissivos, ou põem-se a lamentar o fato de que uma coisa deveria vigorar em lugar de outra completamente desnecessária. Mas terminam, enfim, por adaptar-se àquilo que é em última análise mera convenção.[363]

Deve ser considerado, também, que não há os que atendam integralmente às indicações ordenadas, da mesma forma que não há quem as descumpra todas. O cidadão exemplar, modelo de civismo, o *homo probo in totum*, é tanto ou mais incômodo e insuportável do que aquele mais arredio aos ditames de natureza legal em geral: ambos comprometem, positiva ou negativamente, a "normalidade" comum à esmagadora maioria das pessoas, fazendo-as sofrer a desanimadora incapacidade de alcançar um alvo proposto ou se sentirem infladas, notáveis paradigmas de virtude a serem seguidos pelos demais.

Decorreriam daí, é natural, comparações e juízos de valor tão indesejáveis quanto os que assim sucedem nas referências que fazem os cidadãos "normais" — normatizados

---

363 Ontologicamente, a Lei não passa de puro convencionalismo direcionado, a maior parte das vezes acatado, senão imposto, mediante a *vis absoluta* do Estado que a conduz à vigência, sem alma, sem vida. Instrumento de dominação e controle elitistas e não de regulação social comum, a Lei é apenas para alguns, tão-somente, os que não se encontram no topo de um poder artificialmente hierarquizado, que se não existisse assim disposto não haveria qualquer necessidade de Lei como as que se tem a cumprir, ineptas para gerar a virtude e só reafirmando o vício, fazendo de seu infrator o que ele é.

— aos que significativamente escapam à sua cumplicidade existencial, notadamente para pior. Ao evitar quem os supere por meio de uma admiração que soa falsa — e é — e como é notório, ao demonstrar desprezo por quem não lhes esteja ombreado, reforçam suas contínuas tentativas de ajuste equilibrado ante o que não tem origem neles mesmos.

As regras e comportamentos, *lato sensu*, e as estritamente de acento penal, advêm de um modelo político, falho e anacrônico, que representa parcela diminuta da população, muitos deles corrigidos através da cimentação de costumes e usos que vêm, por vezes, integrar mais tarde o direito positivo ou sua interpretação por juízes e tribunais. Deve, no entanto, existir a significância; tolera-se, é evidente, o que em certos termos possa parecer lúdico, impulsivo e até emocional,[364] mas em tempo algum aquilo que desfralde o empenho férreo por uma ilusória e confortável apreensão de si como não subalterno, não alienado e não conformista.

Os exemplos são esclarecedores: é comum desobedecer à sinalização de trânsito, se a guarda da disciplina das ruas e estradas não se faz presente ou se é sabido estar-se fora do alcance de câmeras e radares; e o é, igualmente, acelerar o carro pondo o pedestre a atravessar a via pública mais depressa. Levar para casa ano após ano algum material de escritório de uma repartição pública é banalidade, e é irrisório saborear a fruta, o doce, o pão ou um néctar lácteo qualquer ainda dentro do supermercado, sem efetuar o correspondente pagamento no caixa à saída.

---

364 Atos praticados por adolescentes e jovens ricos são, pois, exceções facilmente assimiláveis. As pessoas chegam a sentir pena daqueles que bem formados, em tendo tudo, se tornaram contestadores a chamar infantilmente a atenção ou buscaram, entediados, experiências diferentes... Na realidade, se não tivessem tanto, ou nada, mereceriam total repúdio, visto que uns e outros diferem entre si: o que possui não poderia nunca ser movido pelo que toca o que não possui — a este, o cárcere, porque não aquinhoado ameaça, não pode ressarcir; àquele, o seio de seus chorosos.

Anthony Giddens pondera que:

> Seria um grave erro encarar o desvio exclusivamente em termos negativos. Qualquer sociedade que reconheça que os seres humanos possuem diferentes valores e objetivos terá de encontrar espaço para os indivíduos ou grupos cujas condutas não se conformem com as regras seguidas pela maioria. (...) Desviar-se das normas dominantes de uma sociedade exige coragem e determinação, que são essenciais para assegurar mudanças que mais tarde são reconhecidas como do interesse de todos. Será a "desviância nociva" o preço a pagar por uma sociedade que permite aos indivíduos perseguirem objetivos inconformistas? Por exemplo, serão as elevadas taxas de criminalidade violenta um custo a pagar pelas liberdades individuais de que gozam todos os cidadãos? Muitos respondem afirmativamente, considerando que os crimes violentos são inevitáveis numa sociedade que não aplique padrões rígidos de conduta. No entanto, esta perspectiva não resiste a uma análise mais atenta da realidade. Em sociedades que reconhecem as liberdades individuais e toleram o desvio (como a Holanda) as taxas de criminalidade violenta são reduzidas. Em contrapartida, países onde a liberdade individual é restringida (como nas sociedades latino-americanas) podem apresentar níveis elevados de violência. Uma sociedade tolerante para com o comportamento desviante não tem necessariamente de sofrer rupturas sociais. No entanto, é provável que este resultado só possa ser alcançado quando *as liberdades individuais forem conjugadas com a justiça social* — numa ordem social onde as desigualdades não sejam gritantes e onde *toda a população* tenha a possibilidade de levar uma vida completa e compensadora. Enquanto não existir um maior equilíbrio entre liberdade e igualdade, enquanto muitos indivíduos virem que das suas vidas está ausente

o valor da realização pessoal, o comportamento desviante será provavelmente canalizado para fins socialmente destrutivos.[365] (grifo nosso)

A "normalidade" é subalterna, sim; assaz intolerante em seu fratricida afã diferenciador; alienada e conformista diante da linguagem fátua que a embala e da voz agonizante que almeja despertá-la, a dos grupos significativos que hoje margeiam seus espaços com o medo e a violência — "sequela de dívidas [bastante antigas, sociais] não saldadas",[366] como assevera Hélio R. S. Silva, porque tal herança é daquelas não podem ser recusadas. Em sua opinião, convenientemente obscurecidos os seus múltiplos fatores de ordem estrutural por afetado alarmismo[367] popular e interpretações contraditórias, a violência, "via de acesso para o entendimento de nosso cotidiano", é devida a uma vacuidade simbólica, gerada pela não correspondência entre mitos modernistas explicativos do Brasil e a realidade engendrada por "nossos impasses", pelo "atrito inamistoso de nossa convivência econômica, social, política e simbólica."

E ele tem razão! Esse brasileiro de coração dobre, que renega sua origem e seu passado e não se importa com o rumo a tomar no futuro, desde que escape de pagar sua conta histórica; que tem ojeriza profunda à mudança e à alteridade por achar que o pluralismo é desagregador, crendo na falácia de uma nação homogênea; e que reclama aos berros de Deus e do

---

365 Giddens, A. "Desvio e criminalidade". *In: Sub Judice: Justiça e Sociedade*, Coimbra, [s. a.], n. 13, p. 27s, abr./jun. 1999.

366 Silva, H. R. S. "Do caráter nacional brasileiro à língua-geral da violência". *In*: Arantes, A. A. (Org.). *O espaço da diferença*. Campinas: Papirus, 2000. p. 288-304.

367 Sua advertência de que a comparação de índices nacionais com os de outros países amenizaria esta situação é procedente, por igual, com as causas, só alterados nesse caso os sujeitos políticos. Examinem-se os fortes argumentos de Loïc Wacquant. *Os condenados da cidade*. Rio de Janeiro: Revan, 2001. passim.

mundo inteiro como se só bandidos houvera nesta República, mas que bate no peito oco, apolítico: eis o marco referencial típico do hibridismo nefasto,[368] veiculante do *ethos* e do *pathos* neste país desmobilizado e facilmente à mercê. Faz dele excelente proveito a tal elite mantenedora de uma (des)ordem para os outros, no ensaio de (pseudo)reações, diretas ou indiretas, contra esse embrutecimento desenfreado da vida urbana, tanto ou mais deletérias, com seus efeitos sublinhadores do caos e da insegurança, do que estes propriamente: veja-se como a sua dialética logra ser negativa, reversa, isto é, de que forma cada afirmação de uma negação do que está é capaz de tornar pior, ajustada a ela, o *status quo ante*.

Um dos enfrentamentos reativos[369] é o que se relaciona aos chamados *mass media* —meios de comunicação (domesticação) social de massa — que por sua natureza intrínseca atingem uma extraordinária quantidade de indivíduos e se responsabilizam por propagar qual éter, afora os demais, inculcando-os como verdade nas mentes ingênuas e permeáveis.[370]

Feitos uma mercadoria qualquer, objetos de fácil e indispensável consumo diário — por algumas emissoras de televisão, principalmente nos horários de concentração nas residências, ou seja, logo após o meio-dia (hora do almoço) e antes de 19h00 (hora do jantar) —, os instrumentos que de-

---

368  Cf. Luiz Eduardo Soares. "Uma interpretação do Brasil para contextualizar a violência". *In*: Pereira, C. A. M. et al. (Orgs.). *Linguagens da violência*. Rio de Janeiro: Rocco, 2000. p. 23-46.

369  Reativadores, sim, e não reacionais apenas; circunstâncias antepostas que acabam por reforçar o que, antes, deveriam ter pretendido estancar e recuar. Entende-se que, se isso não é bem pensado e articulado, então é resultado de uma aquiescência muito consciente.

370  Afinal, ao contrário do bordão de um de seus seriados norte-americanos que exploram o fantástico na televisão, e com sucesso, "a verdade está lá fora", esta, sobretudo, reitera, também com sucesso, que "a verdade está aqui dentro da tela". Vide Michaud (*Op. cit.*, p. 49ss) e Ferraz (*Op. cit.*, p. 66ss), por exemplo, sobre o tema.

veriam servir exclusivamente para a reflexão, entretenimento, informação e cultura põem sintomaticamente nas mesas dos lares, com a feliz exceção dos domingos, a criminalidade violenta — sobremesa e aperitivo amargos. Nesses programas ordinários e sensacionalistas, púlpitos mancos de justiceiros e quixotes da segurança pública, são expostos sistematicamente cidadãos ainda não condenados, meros suspeitos ou indiciados, feitos já por antecipação a escória da sociedade, habitantes de um tenebroso submundo: um infeliz lixo vivo que merece sofrer urgente descarte. Para realizar tal façanha, no melhor ou pior estilo — *the clown* ou *the good guy* — apresentadores sugerem penalidades cruéis, inclusive a morte, eficaz solução final do "problema", pouco importando se inconstitucional e desumana.

Algumas estações de rádio, embora seu apogeu tenha ficado no passado, transmitem programação semelhante, prestigiadas onde a televisão não acha espaço.[371] Quanto à imprensa escrita, existem os pasquins especializados no atendimento ao grotesco e ao macabro, com aberrantes *closes* de cenas sanguinolentas e *flashes* de seus nomeados autores, identicamente considerados de imediato como elementos aptos ao escárnio e execração públicos, desprovidos do mínimo sentimento de piedade e dó.

Tal questão não pode ser desviada para o autoritarismo da censura a cercear o direito de livre expressão, de vir o cidadão a saber aquilo que acontece ao seu redor; nem, daí, à indução subliminar de práticas de imitação com o mesmo conteúdo: é muito mais séria do que isso,[372] referindo-se, antes, às distorções operadas sem nenhum acaso nas matérias editadas, isso sim.

Não seria, nem é politicamente saudável, pensar-se no menor impedimento em se noticiar a realidade ou, mental-

---

371  Os táxis, coletivos e automotores de carga ou passeio.

372  Atente-se ao importante tratamento do assunto por Fábio Henrique Podestá. *Interesses difusos, qualidade da comunicação e controle judicial*. São Paulo: RT, 2002. passim.

mente, admitir-se uma maior probabilidade de alguém vir a fazer o mesmo que um detido pelo simples ato de ver, ouvir ou ler, por exemplo, sua entrevista. Contudo, aquilo que chega ao telespectador, ao radiouvinte, ao leitor de jornal, precisa ser consentâneo com a noção de utilidade pública, posto que estes não são depósito de informes e dados divorciados da qualidade de vida que lhes deve ser proporcionada.

Tulio Kahn arrola as tais distorções que os engodam e conduzem, em submissão hipnótica, aos pés de barro dos interesses dos pantagruélicos setores dominantes nacionais. Destacam-se as seguintes: há, no volume de notícias de uma mesma espécie de crime, discrepâncias com as variações reais no que toca a espaço e tempo; apesar de ser a maioria dos delitos praticada sem violência, dá-se a entender o contrário; a atividade policial é envolta em drama e emoção exacerbados; diferentes riscos de vitimização dos variados grupos sociais são ignorados; passa-se à distância dos contextos social e histórico dos casos trazidos; o crime de rua, do pobre, recebe de longe mais realce do que os denominados "de colarinho branco"; o aumento de crimes não leva em conta o aumento da população; e não se dispensa atenção alguma à sazonalidade de certos crimes.[373]

Está dado, como serenamente se pode notar, o nó apertado de contradição e vileza no estrangulamento ético do jornalismo indigno e pérfido — aquele que vende mais com a deformação dos fatos essenciais voltando as costas ao acirramento leviano de tensões que, pelo lucro, alimenta.

A construção artificial e tendenciosa do que seja o real para o cidadão comum é prejudicial a toda a coletividade: visto afetar sua opinião, disposição e comportamento, uma engenharia desastrosa, assim como o tratamento desigual e discriminatório, pela mídia e pela polícia, de vítimas dos mesmos

---

373 Kahn, T. *Cidades blindadas*. São Paulo: Conjuntura, 2001. p. 5-11.

crimes — caso se possua dinheiro, fama ou qualquer traço especial, um cuidado; senão, outro, ou a ausência completa.

Esse tipo de cobertura, como as rezas pungentes, o pranto soluçante e as vigílias intermináveis para megaempresários, artistas e políticos, roça o coração daquela gente mantida no desaviso e na ignorância até que tais "qualidades" se tornem crônicas; aos anônimos, a exclusão — antes e durante o sinistro e depois da própria morte. Aos mitos, a ação policial expedita e o cafezinho, com o delegado todo ouvidos e mesuras, solícito, serviçal, anotando detalhes; aos mixes, a néscia burocracia na fila, de pé, um B.O.[374] enfadonho preenchido num balcão engordurado, atendido secamente por um "tira" plantonista e sonolento, cujos bom humor, barba e desodorante sinalizam haver sido ultrapassado faz tempo o horário razoável de sua garantia.

A truculência policial, exercida sem impedimentos no Brasil já há bastante tempo, em espaços públicos, salas fechadas e porões, tem seu registro firmado nos torpes anais da covardia.[375] Sucateado de propósito, o aparato estatal preventivo e repressivo não se encontra em condições mínimas de oferecer à população comum um serviço e uma proteção que inspirem a confiança e o respeito que seriam de se esperar. O receio generalizado da aproximação policial se justifica pela postura adotada — seja pela corporação militarizada ou pela instituição civil, estadual ou federal — de violação moral e física da vida dos cidadãos mais enfraquecidos, coadjuvantes docilmente úteis na reverberação incessante dos bordões ideológicos de camadas elitistas, no açoitamento à sua liberdade e direitos integrais aos quais poucos têm acesso.

Garantidos pela democracia os direitos políticos e a liberdade de organização e expressão, Aduz Teresa Pires do Rio

---

374 Boletim de ocorrência, pré (e mal) impresso; não se sabe bem o porquê disso, mas em papel de tonalidade que tende ao rosa.

375 Desde o período colonial.

Caldeira[376] que "os principais alvos da violência policial não são adversários políticos, mas sim os 'suspeitos' (supostos criminosos), em sua maioria pobres e desproporcionalmente negros", o que se deve, em parte, a um tácito e esclerótico apoio popular. Entretanto, pior do que a ausência de protestos ante essa espécie de violência exibida na mídia diária é o fato de essa mesma população, que assiste a uma violação tão feroz e insensível dos direitos humanos, classificá-los suicida e absurdamente, quando uma solitária voz mais lúcida se eleva, repetindo os seus mentores, de "privilégios de bandidos" que não são concedidos às suas vítimas nem às respectivas famílias.

Ora, o abuso, a tortura e o extermínio sistemáticos denotam, às escâncaras, o despreparo e desespero de contingentes e quadros muito mal pagos, suscetíveis a toda sorte de corrupção, a milímetros da linha divisória entre o bem e o mal quando não a caminhar sobre ela, adentrando um jogo sujo de duplicidade esquizoide ou mesmo de vez no mundo da criminalidade. Uma polícia venal, inoperante e preconceituosa só interessa à consecução dos fins ignominiosos do sistema, tendo à frente o seu famigerado *apartheid* tupiniquim e coberto o seu carro-chefe de inscrições benevolentes,[377] que ainda iludem as classes incautas.

Angelina Peralva coloca, resumida mas adequadamente, que "violenta, e por isso favorecendo uma espiral da violência; corrompida, e favorecendo as condições materiais de desenvolvimento da criminalidade violenta, a Polícia é necessariamente ineficaz no plano da manutenção da ordem e da luta contra a criminalidade".[378] Com isso, conclui ela, deu-se ampla margem ao fenômeno da privatização da segurança pública. "Esta assumiu duas formas principais: a de forças profissionais

---

376 Caldeira, T. P. do R. *Cidade de muros*. São Paulo: 34, 2000. p. 158s.

377 As assertivas de sempre, de tranquilidade e segurança, a fim de que se possa trabalhar, como se a vida se resumisse na produção.

378 Peralva, A. *Violência e democracia*. São Paulo: Paz e Terra, 2000. cap. 7.

privadas, que agem frequentemente à margem da lei, e fenômenos de justiça ilegal no seio da própria sociedade civil",[379]
os tais autoalcunhados esquadrões ou escuderias e executores,
e os apelidados vigilantes, justiceiros e "mineiras", todos responsáveis por um número incontável de mortes.

Sem recursos orçamentários decentes ou motivação,
equipada para a caça às moscas, a polícia judiciária especificamente, encarregada da atividade investigativa, age por meio
de informações trazidas, quase sempre, por seus alcaguetes;
do dito interrogatório psicológico, que disso não tem absolutamente nada; além, é claro, da usual pancadaria.[380]

O não emprego de inteligência e de técnicas de investigação — com o uso de aparelhagem moderna disponível no
mercado —, fora o velado mal-estar frente ao controle externo
feito pelo Ministério Público, impedem uma linha de raciocínio coerente e eficaz na apuração da autoria das infrações. É
obvio que as delações e as representações mambembes, a dependência da palavra de quem deveria estar, também, sendo
processado, e a simples repetição de perguntas — ao ponto de
já não se saber mais o que se disse horas e horas passadas ou
se responder de modo algo semelhante, o que não configura
contradição — não viriam a produzir senão os inquéritos de-
feituosos, incompletos e inconclusivos — e, daí, imprestáveis
para a denúncia possível e a ação penal — do *Parquet* e do
Poder Judiciário, acarretando grandes prejuízos.[381]

Logo, outro relevante viés reativo a ser comentado é o
do sistema penal — juízo, condenação e execução —, o cancro
duro no raquítico corpo nacional, não por culpa exclusiva da
ação policial, mas por demérito de sua parte, fruto de uma ob-

---

379 Analise-se a monografia de Jacqueline Sinhoretto. *Os justiçadores e sua
justiça*. São Paulo: IBCCRIM, 2002. passim.

380 Isso alguns policiais brasileiros aprenderam bem: a bater sem deixar
marcas externas.

381 Financeiros, pois se cuida de tempo, de material e de dinheiro públicos; simbólico o descrédito e social a impunidade.

solescência matricial, material e operacional que vem sendo preservada de tentativas de reforma, incluindo-se aí o ponto crucial da formação dos futuros julgadores.

Com peculiar firmeza, Maria Lúcia Karam[382] desnuda as brechas por onde a infâmia escorre, certeira, na base da pirâmide — um mausoléu social. Partindo da determinação aleatória do que seja delito, diz que o conjunto de condutas a merecer tratamento penal recai, prioritária e intensamente, sobre os cidadãos marginalizados e subalternizados, em especial autores de crimes contra o patrimônio,[383] que é, como se sabe, o que move o direito penal.

A proporção que isso assume é irracional. A pena para o furto simples é de um a quatro anos de reclusão; para a lesão corporal leve dolosa, tida como crime de menor potencial ofensivo, de três meses a um ano de detenção. Se a lesão corporal tiver resultado gravíssimo, sua pena mínima se equiparará à do furto qualificado, que é a metade da do roubo simples. Nesse diapasão, aplicar-se-á em tese a quem venha a subtrair um relógio do pulso de outrem, sob uma mera ameaça de estar armado, o dobro do *quantum* de pena cabível a quem o cegue com o manejo efetivo de um estilete, vazando-lhe os olhos.

O mesmo tom, apresentado em mais exemplos, é o do exame da pena, sádica manifestação do perverso, do poder e exaltação com os quais se tripudia sobre o farrapo humano selvagem por resistir à domesticação pela (sub)produção capitalista[384] negativa. Sob os auspícios de um Estado penal de ter-

---

382 Karam, M. L. "Pelo rompimento com as fantasias em torno de delitos e de penas". *In: Revista Brasileira de Ciências Criminais*, São Paulo, ano 8, n. 29, p. 331-350, jan./mar. 2000.

383 A disparidade é grosseira.

384 Irrequieto, o capitalismo não para, e quando não dá, tira; não deixa, contudo, de quantificar bem. Certo ou errado (e quem se interessa por isso?), o cálculo do apenamento, complexo, fásico, deve ser preciso, justificado e apenas em função exclusiva de suas minudências.

ror, a tragédia deste segue ao pé da letra — da lei, processual e material — o devido roteiro, escrito sem a sua colaboração e com finalidade a princípio condenatória que, caso se concretize, o remete ao inferno (penitenciário) em vida, do qual se chegar a sair o fará em circunstâncias piores do que as em que ali ingressou —re(anti)socializado, re(des)educado, re(des)inserido, re(des)integrado.[385]

A pena só vislumbra sentido na degradação que produz; não persuade nem dissuade, não atribui nem retribui. Sua verdade é a mentira em que se constitui, inclusive a da penalização alternativa — restritiva de direitos, pecuniária e o *mix* (des)vantajoso da justiça, informal ou consensual, transacionada em mão única utilitarista e deformante, ou seja, da primeira para uma segunda classe de cidadania, em todas as suas vertentes a favor daquela.

Falar-se, pois, em mais tipificação, maior severidade, redução da idade penal para dezesseis anos, endurecimento processual, postura de tolerância zero, um tal movimento de lei e de ordem e outras sugestões parecidas — o demônio jamais se cansa de nos soprar nos ouvidos — é estultice, um sinal de que a contaminação se aproximou daquele grau mais perigoso, o de adesão irrefletida à política grotesca dos que se empenham em instalar no país um irreversível e aniquilador maniqueísmo social.

Bastante e mal explorado é o fator reativo que diz respeito às drogas em geral, com sua associação acrítica à criminalidade violenta gerando na sociedade um pavor doentio devido à desvirtuação de dados — como o censo penitenciário, por exemplo — e à inversão de posições, sem a saúde e o bem-estar públicos em primeiro plano.

Quanto a isso, Marcelo Lopes de Souza ressalta o seguinte:

---

385 Cf. Drauzio Varella. *Estação Carandiru*. São Paulo: Companhia das Letras, 1999. passim. Também, José Ricardo Ramalho. *O mundo do crime*. São Paulo: IBCCRIM, 2002. passim.

Descolando-se o tráfico de drogas e a criminalidade em geral de seus fatores socioeconômicos, como querem as interpretações institucionalistas e culturalistas, já não se tratará nem mais sequer de encarar a "questão social" como um mero "caso de polícia", como historicamente ocorre no Brasil; o que se vê, aliás com o apoio de uma classe média tornada refém tanto de seus medos quanto de seu elitismo (e, não raro, de seu racismo), é a inclinação para converter-se a "questão social" em um "caso de guerra", uma missão para o Exército, Exército esse visto (com um certo romantismo irrealista) como uma instituição incorruptível e acima de suspeitas. Esquece-se, aí, de que, nessa "guerra", os "inimigos" são também brasileiros, muitas vezes adolescentes (ainda que empunhem metralhadoras e fuzis), que não seriam tão amedrontadores se tivessem sido socializados em outros ambientes e se tivessem tido reais oportunidades de evitar a carreira criminosa. A elevação do tráfico de drogas e da criminalidade ao *status* de tema relevante na agenda de preocupações dos (geo)políticos do regime civil, enfatizando-se a repressão em várias escalas e negligenciando medidas preventivas de cunho social necessárias para combater, ao menos no que concerne ao nível nacional, uma boa parte das raízes da violência, não permite bons augúrios.[386]

De atividade que não enriquecia a ninguém, com seu baixo consumo localizado na vizinhança próxima, a meio de ganhos estonteantes em virtude do crescimento geométrico da clientela; de reles plantação de fundo do quintal a industrialização e comércio de porte internacional, as drogas consideradas ilícitas, da singela maconha ao sofisticado *ecstasy*, povoam o imaginário nacional como um mal sedutor. Esquecem-se o álcool e a nicotina legalizados que alimentam muitos cofres e

---

386  Souza, M. L. de. *O desafio metropolitano*. Rio de Janeiro: Bertrand Brasil, 2000. p. 98s.

matam muito mais, e, sobretudo, que o tráfico operado pelo pobre agressivo não vai além do gerenciamento, com excelentes comissões, do negócio de magnatas daqui e do estrangeiro — que se valem de sua bem montada estrutura de varejo e dos que sujam a mão em favor de seus fornecedores ricos e inofensivos escondidos em imóveis de luxo, de onde administram a "violência" visível no morro e na favela.

Viciado e preso é apenas o tolo que consome misturas ou o *crack* destruidor — restolho de cocaína para os miseráveis — que não é comercializado em certas áreas urbanas para não prejudicar a aproximação da freguesia de classe média; para os especiais, já existe o serviço de *delivery*.

Ademais de sua contumaz hipocrisia, se buscasse realmente se informar, a sociedade constataria que a criminalidade violenta somente aumentou, como revela Alba Zaluar,[387] nos países em que o combate à droga se deu pela repressão, o que inclui a pátria amada, Brasil.

Se na urbe a criminalidade violenta degrada o meio e o ser humano, seu sentido aflora naquela violência anterior, maior e mais expressiva, não criminalizada, mas oficial, chancelada pela sanha de uma elite mais e mais inconveniente, que arregimenta os[388] que adorariam estar com ela um dia ou tomar-lhe o lugar — ilusão espúria — para reagir, afoitos e sem sucesso, ao que os incomoda e ameaça.

De fato, parece-se a cada dia ir de mal a pior! Há que se concordar com a reflexão lúcida de Richard Wrangham e Dale Peterson, para quem "o verdadeiro perigo está em que nossa espécie combina os machos demoníacos com uma inteligência ardente e, por conseguinte, com uma capacidade de criação e destruição sem precedentes".[389] Caso nesse produto

---

387 Zaluar, A. *Condomínio do diabo*. Rio de Janeiro: Revan, 1994. p. 241.

388 Quadros subservientes da classe média.

389 Wrangham, R; Peterson, D. *O macho demoníaco*. Rio de Janeiro: Objetiva, 1998. p. 314s.

aterrorizador, o grande cérebro, o temperamento e a inteligência forem superados pela sabedoria, ele será o melhor e mais promissor dom da natureza.

## 5. Um Meio Urbano de Todo Viável

Transcorrido o exame superficial e profundo da realidade da violência[390] e sua criminalização no meio urbano, trataremos finalmente de expor a questão da viabilidade deste, sem pretender um receituário infalível, de passos estanques, mas indicando a adoção conjunta de medidas concretas que, no curso do tempo, possam reverter o quadro de instabilidade apresentado, uma vez abandonadas as práticas e estruturas anacrônicas e posto longe o pessimismo, introjetando a firme crença de que toda utopia pode, um dia, tornar-se *netopia*[391] — desde que se esteja disposto a errar sem medo, tentar quantas vezes for necessário, sem se deixar abater pela presunção letal de que o que é impossível hoje jamais ocorrerá.

Ao se falar em meio, inclui-se nele o ser humano, elemento ecológico maior da urbanidade,[392] compondo uma unidade harmônica que preservará a ambos no futuro, aptos a recriar as mais variadas formas sem perder de vista a mesma essência, involuindo para poder evoluir em bases sólidas,

---

390  A perspectiva correta acaba sendo mesmo essa.

391  Neologismo para o oposto de "utopia", do grego ναί (ne) [sim] + topos [lugar], em oposição a οὐ (ou) [advérbio de negação] + topos

392  Sem antropocentrismo vago, mas aqui pertinente, de óbvia sobrevalia.

rarefeitas as tendências ao poder dominador e à agressividade desmedida.

Novos escopos de gestão do meio urbano devem ser engendrados a fim de coordenar a vida ali, onde a comunidade precisa ter efetivamente respeitada a sua primazia ante todo e qualquer interesse que se possa considerar: eis o cerne da cidade e da cidadania. Fora dele, resta o modelo falido que há pouco se viu, que não tem os meios para e não há de subsistir, porque a cada nova derrubada de forças, mais uma virá, em ciclos mórbidos, apenas invertendo atores ou papéis.

## 5.1 Revendo os escopos de gestão

Como fizemos desde o princípio, temos aqui duas questões para motivar o pensamento: em primeiro lugar, como será a cidade em que se almeja viver, neste século XXI; em segundo, como haverá de se dar a gestão da cidade, desde agora, para que isso seja alcançado.

A cidade é a célula do país; tudo o que se faça nela, por certo repercutirá nele, e vice-versa. É responsabilidade de todos; nela, a cidadania encontra o seu princípio, o seu ápice e o seu fim. É o extrato do social e do ideológico, do feminino, que necessita de presto soerguimento e valorização urgente para impor ao poder seu limite[393] de acolhimento e de inclusão, numa relação de marcado confronto e dominação, masculina, política e econômica. Dela usufruem e nela sofrem todos os que a habitam; daí ser tarefa coletiva, comum, a sua permanente reconstrução.

Em seu surgimento, teve logo tolhidas muitas de suas possibilidades; ferida em seu centro e, pois, separada da natureza — também feminina —, respectivamente, pela tríade palácio-celeiro-templo e pela muralha — ícones viris —, pro-

---

393 Fator de estabilidade e de equilíbrio.

porcionou ainda assim tamanhos benefícios que dela não abriram mão os estados, que se limitaram à sua forma,[394] nem os impérios, que dela fizeram a semente de sua presença, avanço e continuidade.

Uns e outros desapareceram; ela, entretanto, se manteve, e tem se sustentado por toda a história da humanidade, não sem a sombra ameaçadora e a ação dilapidadora, por séculos a fio, de injunções de ordem política e econômica, peculiares a cada lugar e a cada momento, com especial destaque para o capitalismo.

De acento mercantilista desde os seus primórdios até o fim do século XX,[395] em que é dito tardio, e hoje empurrado ladeira abaixo[396] por um discurso feérico, histriônico e espetaculoso de globalização,[397] o capitalismo sempre se caracterizou pela máxima utilização da estrutura espacial urbana — reles balaio para a prática comercial selvagem e predadora com o exterior, cínica e ironicamente reconhecida, em nossa época, como "livre".[398]

Seu objetivo era, e ainda é, que lhe fosse facultado auferir lucros cada vez mais volumosos e o mais rapidamente possível, pouco importando o sacrifício sumário e impiedoso, espargido por todo o orbe, do que e de quem estivesse, mesmo que por mero acaso, em seu caminho de tortuosidade e engor-

---

394  As cidades-estado.

395  Didaticamente, por certo, sem a preocupação de apresentar uma datação exata, o que não seria possível.

396  Exatamente desse jeito, de um dos Nortes, que se entende superior a tudo o mais ao seu redor, para a maior parte do mundo.

397  Sobre o tema, vide Boaventura de Sousa Santos. "Os processos da globalização". *In:* _____ (Org.). *A globalização e as ciências sociais*. São Paulo: Cortez, 2002. cap. 1.

398  Explorado, espoliado, exaurido, escravizado, extorquido, esfacelado. Se, ao invés de bifurcado, tal livre comércio fosse bifronte, ainda poderiam os países periféricos — que assim continuam, nessa globalização, a nutrir alguma esperança e confiar na palavra de seus "patrões".

da inequívocas.[399] Lenão maneiroso, tangeu camadas inteiras da população para o meio construído sob a promessa de ali obterem dias e condições melhores, inchando-o e inviabilizando a qualidade de vida anunciada para os não detentores de capital — configurada como uma colocação mal remunerada sob situações estressantes, humilhantes e insalubres, quando não em ausência de emprego[400] e de moradia, de educação, de cultura, de saúde, de lazer, de acesso à justiça e segurança; vale dizer, portanto, em situação de cerceamento ou privação de direitos fundamentais.

Transformada pelo capitalismo em antro de mazelas e poço de distorções, a cidade foi metro e megalopolizada de maneira a corresponder à sua lógica desumanizadora, iníqua e cruel de produção e consumo, de excesso, acúmulo e troca, sempre a favor de um só. Quem não se enquadra nesse ciclo sofre a desvalia e é descartado; quem sustenta essa constante é mantido em função da capacidade e da força que lhe entrega a um custo decrescente,[401] que em nada compromete o fim visado de ganhos crescentes; quem desfruta dessa cadeia é sobrealimentado pela ilusão de ser a partir do ter, sonho do qual é despertado para a ele poder voltar e de novo se saciar temporariamente.

Quem domina esse círculo vive uma parcela da existência e de vitalidade que subtrai sorrateiramente, à revelia, de todos os demais: impune, faz da rapinagem humana o seu negócio principal, despudorado e altamente rentável. São indisfarçáveis os efeitos devastadores, a carga de mal-estar imposta

---

399  Discordar de seu propósito implica em logo receber a exótica rotulação discriminatória, por motivo de simples posicionamento.

400  Cf. a diferenciação feita por Viviane Forrester. *Uma estranha ditadura.* São Paulo: UNESP, 2001. p. 46.

401  Há os que imaginam ter um aumento: esse mais na realidade é menos, ante o muito mais que lhe é posto nas costas, por vezes às custas de um outro que já não recebe nada, ou porque renderá o suficiente para fazer frente, com folga, ao *plus* obtido.

ao ser humano pela artificialidade e por essa trama perversa de desigualdade, de cartas marcadas; os que não puderam ser ocultados ou não se deixaram esconder se mostram nas ruas, avenidas e praças, no centro e nos bairros — nobres, de classe média alta ou baixa, pobres — para quem, tendo olhos, os queira enxergar.

Aí estão as ruas sem saneamento básico e com esgoto a céu aberto; as praças cercadas, com seus jardins e equipamentos destruídos; nas favelas e nos conjuntos, as crianças, os adolescentes e os jovens ociosos, mão-de-obra à disposição do tráfico e da jogatina ilegal que lhes pagam muito mais do que a esmola perdulária de um salário-mínimo, para mínimos cidadãos; as quadras e vizinhanças em que roubos e estupros impedem que se possa sair de casa tranquilo à noite, ou mesmo de dia; áreas nas quais, com o trânsito lento ou paralisado, o "arrastão" é um evento já corriqueiro; enfim, lesões e mortes por ínfimas migalhas.

Essa prescrição neoliberal do capitalismo globalizado, de um ajuste econômico recessivo para retomada posterior de desenvolvimento, é igual para todas as suas vítimas, convencidas de que a decisão mais acertada a se tomar passa pela desregulamentação e privatização dos serviços e do patrimônio públicos em prol da liberdade de mercado. Pouco importa quais sejam a doença e o doente: o remédio não muda, o que induz à conclusão óbvia de que o enfermo é também o próprio médico, obcecado por disseminar sua técnica de diagnóstico e seu método de cura a um mal[402] por ele mesmo provocado.

Sua anuência a tal orientação lhe garante, além de algum dinheiro novo,[403] um controle externo de suas contas e de seu desempenho, além da postergação de seus vários compromissos internacionais que se vão avolumando a perder de

---

402 A globalização.

403 Porque o velho, com o pagamento da mais odiosa porção de sua dívida, já tomou os elevados juros.

vista. Por outro lado, traz consigo a institucionalização programada da miséria absoluta e genocida que atinge a cidade em cheio, abalando as suas estruturas sob o duro impacto da incúria nacional.

As conclusões otimistas a que chegam determinados autores[404] acerca dessa "nova ordem mundial" revelam sua ansiosa tentativa de demonstrar isenção, ao constatar um lado vantajoso nessa ingerência centralizada uniformizadora que, mediante aportes tecnológicos e de qualificação carreados em "rede" aos Estados, haveria, inclusive, de facilitar uma reestabilização social de amplo espectro num futuro mais ou menos próximo. Ledo engano! Ora, o otimismo não se coaduna com essa espécie de atitude, com a adesão à novidade por seus rescaldos compensatórios em que os eixos fundamentais da vida se volatilizam na mesma proporção em que fúteis benesses são usadas para minorar os estragos a que ela mesma dá causa: puro modismo infantil; afinal, vivia-se sem elas, e muito bem por sinal.

O otimismo, na verdade, só pode ser autêntico se alicerçado numa proposta-ideia de modificação,[405] radical e erradicante, da atual tendência homogeneizante dos sentidos, significa dizer, na concretização de uma possibilidade de real superação que venha a se sobrepor aos torpes esquemas teórico-convencionais, invisíveis, de dominação por uma simbologia tecnocrata determinista de raiz monetária e cambial, a qual, usurpadora, fragmenta estrategicamente o que não logra abarcar.

A cidade global é, assim, a anticidade onde os cidadãos globais são postos a ruminar sua novel anticidadania, atolados

---

404 Por exemplo, Edward W. Soja. *Postmetropolis*. Oxford: Blackwell, 2000. p. 415. Peter Marcuse; Ronald van Kempen. "Conclusion: a changed spatial order". In: _____; _____ (Eds.). *Globalizing cities*. Oxford: Blackwell, 2000. p. 274s. E Evelyn Levy. *Democracia nas cidades globais*. São Paulo: Nobel, 1997. p. 216s.

405 Para além da resistência em si.

mais do que antes em preocupações[406] já relativizadas —pelo fascínio entorpecedor e alienante do qual decorrem, exercido pela programação pífia e apolítica do seu destino — e prenhes de informação, voltadas para inutilidades de consumo imediato.[407] Despersonificados,[408] qual produto ideal — capazes de produzir e de se reproduzir como tal —, numerados e etiquetados, sentem-se relacionados a um tanto de coisas; experimentam, apesar disso, uma sensação agônica, perturbadora e frustrante que muito os incomoda: a da vacuidade.[409]

Num território a um só tempo dualizado e esquizofrênico, sem contornos ou base rígidos que o identifique ou defina,[410] observa-se que a avalanche globalizante localiza, ou seja, exclui e segrega, negando a si própria ao alcançar seu alvo.

Milton Santos nos faz um convite:

> Façamos um regresso muito breve ao começo da história humana, quando o homem em sociedade, relacionando-se diretamente com a natureza, constrói a história. Nesse começo dos tempos, os laços entre território, política, economia, cultura e linguagem eram transparentes. Nas sociedades que os antropólogos europeus e norte-americanos orgulhosamente chamaram de primitivas, a relação entre setores da vida social também se dava diretamente. Não havia praticamente intermediações. Poder-se-ia considerar que existia uma territorialidade genuína. A economia e a cultura dependiam do território, a linguagem era uma emanação do uso do território pela economia e pela cultura, e a política também estava com ele intimamente

---

406  Existenciais, das quais a religiosidade barata se aproveita.

407  Logo deixam de servir para qualquer coisa, pressupondo-se, com isso, sua pronta reposição.

408  A personalidade que conta é a jurídica — a empresa.

409  Faz recordar o Qohelet bíblico, que expunha ser tudo vacuidade.

410  Adequadamente disformes, sem cor, porosos.

relacionada. Havia, por conseguinte, uma territorialidade absoluta, no sentido de que, em todas as manifestações · essenciais de sua existência, os moradores pertenciam àquilo que lhes pertencia, isto é, o território. Isso criava um sentido de identidade entre as pessoas e o seu espaço geográfico, que lhes atribuía, em função da produção necessária à sobrevivência do grupo, uma noção particular de limites, acarretando, paralelamente, uma compartimentação do espaço, o que também produzia uma ideia de domínio. Para manter a identidade e os limites, era preciso ter clara essa ideia de domínio, de poder. A política do território tinha as mesmas bases que a política da economia, da cultura, da linguagem, formando um conjunto indissociável. Criava-se, paralelamente, a ideia de comunidade, um contexto limitado do espaço.[411]

A cidade que se quer assentar neste século, para que nela se possa viver efetiva e plenamente, difere certamente desse amorfo arremedo padronizado; tem o aroma e o sabor da aldeia, o que não implica em seu isolamento, mas, sim, em sua independência funcional primária. Sem qualquer perspectiva de *revival* ou retrocesso, nesse caso, a um passado longínquo,[412] a proposta é de retomada, de reapropriação de valores condizentes com o humano de maneira tal que o urbano por eles condicionado se faça ordem natural, criativa, amoldável; para isso, temos que sair à cata de um novo paradigma de artificialidade, emancipatório e lúdico, que num esboço bastante simplificado, porém ambicioso, se mostra em forma e conteúdo como se segue, sem que disso dependa sua exequibilidade: politicamente, democrático e igualitário; eco-

---

411 Santos, M. *Por uma outra globalização*. Rio de Janeiro: Record, 2000. p. 61s.

412 O que seria um absurdo. A cidade deve estar sempre aberta à diversidade e ao pluralismo.

nomicamente, cooperativo e orgânico; socialmente, solidário e ético; e ideologicamente, pacífico e integrado.

Dado que sem utopia não existe a menor chance de um futuro[413] desejado e aguardado, vale a pena desde já lançar o cérebro e as mãos à obra de construção dos espaços, real e simbólico, onde serão estabelecidas relações proxêmicas, genoespaciais e ecológicas, sem dúvida alguma, entre cidadãos igualmente livres individualmente e responsáveis em conjunto, perante a sociedade, pelo bem-estar de todos, limpo, no qual se distribua a renda, mas que isto não renda fruto algum a um nefasto paternalismo populista!

Não esquecendo a necessária historicidade da utopia, o passo inicial em direção a essa nova urbanidade[414] é a quebra, a interrupção da sequência lógica mencionada anteriormente — mãe arbitrária e violenta de toda a arbitrariedade e violência que coexistem no plano dos fenômenos concretos em resposta a ela — substituindo-a pelo paradigma apresentado.

Ora, isso se realiza por intermédio de algumas atitudes bem simples, porém naturalmente lentas, que demandam muito denodo e perseverança: a primeira, no âmbito interior, modificando-se a estrutura de pensamento, o que conduzirá à ação; a segunda, fazendo-se desta uma profissão de fé na vida, fato que motivará a alguns; e a terceira, indo-se do agir pessoal, de cada um, ao agir coletivo, apoiados todos mutuamente.[415]

Vista pelas costas, a globalização tem sua identidade revelada: a dos tentaculares grupos institucionais financeiros e conglomerados empresariais que têm interesse no fenecimento dos Estados Nacionais para, com somas estratosféricas

---

413   Cf. Boaventura de Souza Santos. *Para um novo senso comum*. São Paulo: Cortez, 2001. v. 1. A crítica da razão indolente, cap. 6.

414   Agora é o melhor momento, embora já empregado muitas vezes o vocábulo, de comentar que o mesmo tanto se presta à referência ao meio quanto ao ser humano.

415   Não há outro meio pacífico (frise-se) de fazê-lo.

e uso da supremacia político-militar de feitio imperialista, domesticar e amestrar a seu talante o mundo inteiro,[416] manietando desejos e escravizando vontades. Fica desse modo o comportamento humano adstrito às suas mãos imundas, arranhadas a autonomia e a capacidade decisória[417] geral das pessoas em todos os níveis e esferas que se possa imaginar, sendo a cidadania transformada numa reles questão de aquiescência obediente.

A tirania apassivadora e condicionante do "produto" penetra tanto na vida do ser humano hoje quanto o inextinguível pó na casa em que ele vive. Santos[418] tem razão ao relacionar a mentira ao segredo de marca, o engodo ao *marketing*, a dissimulação e o cinismo à tática e à estratégia. Nesta (des) ordem opaca, as intenções são veladas e os propósitos inconfessáveis. Agora, se os Estados não vislumbram uma saída, ou não têm como opor sua resistência à força bruta que insidiosa os pressiona, embora sofra por último os seus efeitos, a cidade é o *locus* de reação privilegiado contra a sandice crua que se derrama pelo planeta afora, ameaçando abolir de vez laços e estruturas tão duramente formados e caros à humanidade.

A saga da cidade, diante dos incontáveis ataques, internos e externos, contra ela perpetrados, é historicamente conhecida. Ademais, seria dispendioso o suficiente operar nos estreitos vãos da microeconomia urbana para que fosse tida como unidade global — o que, se ocorre, é por um único motivo indireto. Com efeito, a porta de entrada da economia globalizada no meio urbano é o argumento de que deve se desenvolver de maneira sustentável, argumento este que por sua ambiguidade, ou mesmo incongruência, conduz a agir sem pensar. Decompondo-se o assunto, resta claro que não é pos-

---

416 Vide James Petras; Henry Veltmeyer. *El imperialismo en el siglo XXI*. Madrid: Popular, [s. d.]. passim, e Michael Hardt; Antonio Negri. *Império*. Rio de Janeiro: Record, 2001. passim.

417 De dizer sim ou não.

418 Santos, M., *Por uma outra...*, p. 61.

sível desenvolver-se sustentavelmente a cidade, nem sustentar-se com desenvolvimento a comunidade: ou bem uma coisa, ou outra. A explicação não é nada difícil, visto que se deve escolher uma prioridade, não misturar as opções. Por causa disso, ou se desenvolve e se dá sustentabilidade à cidade, o que não chega a se refletir na comunidade — opção econômica —, ou se dá sustentabilidade à comunidade com o seu desenvolvimento, o que se transmite logo à cidade toda — opção social.

Como é a comunidade que constrói a cidade e não o contrário, apesar de uma influência comum, a conclusão é que a primeira há de ter prevalência sobre a segunda, visto ser a comunidade quem torna a cidade viável, e não o oposto. Tal noção substitui a contento a locução anterior.[419] Aposta ao meio urbano, a viabilidade pressupõe o desenvolvimento e a sustentabilidade da comunidade,[420] e vai muito além disso: tem a ver com a participação desta na gestão daquele, amenizada a dimensão político-econômica pela opção social realizada.

As vantagens são numerosas. Cumpre indicar uma como sendo a mais importante: a subversão que se cria no vil e antidemocrático processo oligárquico de dominação e corrupção,[421] lesionador das espacialidades privada e pública, real e imaginária. A natureza deseducadora do adonamento da metamorfose urbana, e da malversação dos recursos disponíveis para isso, é, de fato, imensa. Sem aspirações populares, ímpares e locais, ausentes os meios para o enraizamento do cidadão em função de vivências singulares, a cidade se esvai numa mesmice que apenas muda de nome, para qualquer lado que se vá.

Despojada de sua autenticidade, deixando de olhar para si mesma e de orientar-se pelo melhor rumo para aten-

---

419 Na literatura e nos documentos, desenvolvimento sustentado.

420 Ela é que carece desenvolver-se sustentavelmente, não a cidade. Se não estiver mal explicada, a estratégia é equivocada.

421 Trata-se de um único processo, com mais de uma face.

der à qualidade de vida almejada por seus cidadãos, a cidade maximiza as chances de um imobilismo que destrói os liames de sociabilidade, passando a contar com habitantes-clientes. Os menos satisfeitos ou atendidos são os que partem inconformados para as vias oblíquas, supondo ali encontrarem o que lhes pareça justo.

Com o tempo, ações políticas de mera compensação caem no ridículo de manter pobreza e miséria em níveis de pura sobrevivência — para que o azar[422] não seja completo —, envergonhando a quem ainda tenha capacidade para tanto. Porém, não precisa ser assim; da opção social comunitária pode brotar outra, a de construir uma cidade que se caracterize exatamente por conceber a relevância e oportunidade de um poder e economia socializados, populares, que venham a se dinamizar naturalmente e não por pressões externas, desvinculadas de seu ideal de bem comum.

A escolha pertence sempre à comunidade, que deve, livremente, ser capaz de obter a desejável orientação a esse respeito e, tudo bem esclarecido e ponderado, decidir o caminho de sua vida. Repartindo por igual o ônus de mudança de viés histórico, todos os cidadãos adquirem responsabilidade sobre si e sobre a dita comunidade, competindo-lhes em tudo contribuir para o sucesso da empreitada, fazendo os ajustes e revisões que sejam necessários.

Isso dá trabalho, e muito: árduo, cansativo, daquele que se quer logo desistir, visto que os resultados são demorados. É claro que deixar tudo como está é mais cômodo; melhor ter quem decida e se responsabilize, não tendo que alterar as ideias esclerosadas na própria mente e na dos outros, sem encarar o fato de ter que suportá-los — obviamente uma impressão mútua. Mas e se fosse possível antever uma cidade

---

422 Crendo-se que ambas são fruto de acaso, do nada. Surgem daí os tais programas de atendimento parcial à chamada população carente, limitados por um orçamento que não os contempla de modo satisfatório, em virtude de interesses menores.

solidária e fraterna, de iguais, ecologicamente viável e bem menos violenta, com serviços e equipamentos articulados em favor da sociedade como um todo sem a ditadura repulsiva do calendário e do relógio, cuja produção estivesse à vista e atendesse ao interesse local, em suma, uma criação coletiva?

A atual estrutura urbana brasileira, desenvolvimentista por um imperativo externo com o qual só concordaríamos temerariamente, corre atrás de uma sustentabilidade que se encontra na razão inversa do capitalismo globalizado — arrastando consigo pequenas e médias cidades que poderiam se salvar da regionalização metropolitana sem sequer um traço de humanidade.

Celso Daniel, vítima histórica da violência, comenta que ao menos se poderia tentar:

> Se for possível identificar o ideário socialista à proposta de uma sociedade fundada na radicalização da democracia, contemplando de modo articulado as dimensões procedimentais e de conteúdo da democracia enquanto sistema social, então decorrem algumas consequências no que tange ao sentido dos governos democráticos e populares. Nessa perspectiva, a proposta democrática e popular, apontando para o direito à cidade, voltado à busca da inclusão social em sentido amplo — isto é, contemplando não só a inversão de prioridades, mas também o desenvolvimento econômico, urbano e ambiental, no quadro de um projeto de cidade — corresponde a caminhar no rumo do aprofundamento da dimensão substantiva da democracia. No entanto [em não o sendo], a constituição e o fortalecimento de novas esferas públicas democráticas, como espaços de cogestão entre governo e comunidades locais — no quadro de uma reforma do Estado local que viabilize um fundo público capaz de concretizar o direito à cidade, redefina a relação público-privado e seja complementada pela construção de um Estado democrá-

tico eficiente — apontam para a radicalização da democracia como procedimento, ao aprofundar a constituição de espaços que garantam o direito a ter direitos. Afinal de contas, é esse conjunto de valores que confere sentido estratégico à disputa de hegemonia local.[423]

Nessa esteira, Santos aduz que a globalização atual, embora dê essa impressão, não é algo definitivo, irreversível e eterno como vem sido anunciado na forma de projetos e utopias, dissolvidas as ideologias, a partir da presença de futuros possíveis — em curso e embrionários — disseminados rapidamente pelos recursos tecnológicos que temos à mão.

Na grande cidade em especial, pela facilidade de comunicação, o ser humano, deixado por efeitos forçados de vizinhança[424] ao desamparo e sem identificação, pode ser conduzido a ampliar sua consciência indo além do consumo, se dedicando a buscar sua cidadania e sendo impelido a colaborar com a reforma das práticas e instituições políticas.

Destarte, "a partir dessas metamorfoses, pode-se pensar na produção local de um entendimento progressivo do mundo e do lugar, com a produção indígena de imagens, discursos, filosofias, junto à elaboração de um novo *ethos* e de novas ideologias e novas crenças políticas, amparadas na ressurreição da ideia e da prática da solidariedade". Amadurecida a crise, há que se construir e implantar de baixo para cima, com visão sistêmica, um novo modelo econômico, social e político que propicie, com renovada distribuição de bens e de serviços, uma vida coletiva solidária "e, passando da escala do lugar à escala do planeta, assegure uma reforma do mundo, por intermédio de outra maneira de realizar a globalização."[425]

---

423  Daniel, C. "A gestão local no limiar do novo século". *In*: Fernandes, E. (Org.). *Direito urbanístico e política urbana no Brasil*. Belo Horizonte: Del Rey, 2000. p. 522.

424  A aglomeração.

425  Santos, M., *Por uma outra...*, p. 159-169.

Pondo lado a lado as alternativas e seus fins, Moás menciona as "consequências perversas da falta de solidariedade: aumento das formas de violência, da fome, da miséria, e agravamento da falta de civilidade, geradores de preconceitos";[426] já Boff entende que existem "dois desafios básicos para a história brasileira" que, se adequadamente dispostos, terão como resultado menos violência estrutural e menos violência nos indivíduos, os quais são "a gestação de um povo e a criação de uma democracia social."[427] Assim ocorrerá, se for modificada a tônica federativa no sentido de reconhecer a importância a ser conferida aos municípios[428] — onde as pessoas estão, efetivamente, em contato direto umas com as outras. Os moradores contam, são palpáveis, existem em carne e osso; sabem de suas necessidades e de suas conquistas, isolam-se ou se aglutinam em forma de comunidade — uma unidade complexa, com força multiplicada e um poder transformador insuperáveis: somente os processos em comum são aptos a reforçar ou reverter o que tem efeito em comum.

## 5.2 Primazia efetiva da comunidade

Assim como a população e o povo, massa e sociedade não se confundem, nem a aglomeração e a comunidade. Esses pares conceituais, cujos significados podem à primeira vista parecer intuitivos, trazem consigo todo um conjunto de inferências nada fácil de ser apreendido num primeiro e ingênuo contato, sem que seu estudo seja aprofundado a cada camada significante na qual se encontre contextualmente inserido. Mas bem longe de pretendermos explorar ou discutir concei-

---

426 *Op. cit.*, p. 76.

427 *Op. cit.*, p. 60.

428 Erroneamente relegados a um plano inferior, se não no aspecto tributário, sob a Constituição em vigor, pelo menos ideologicamente.

tos, remexendo em classificações polêmicas, o que temos em mira é estabelecer um padrão comparativo, secundário nesse caso, que dê suporte a um raciocínio principal: ao se tratar da gestão do meio urbano, a comunidade deve receber efetiva prioridade.

Com isso em mente, observe-se que as primeiras categorias de cada par colocado em antítese se referem ao que foi ou está ajuntado — e desarticulado, desvinculado, quantitativo, que só se percebe individualmente, sem que sejam notadas quaisquer evidências de inteiração[429] senão a de uma situação geográfica, de compartilhamento, de territorialidade e, sem dúvida alguma, de cunho psicológico — dizendo respeito específico à proximidade real, física, e à irreal, imaginária. Decorrem daí as concepções limítrofes já abordadas, quer dizer, relativas à contenção, expansão, invasão ou colisão dos limites, pessoais ou grupais, mas de teor atomizado, em que a menor centelha social faz eclodir o fenômeno da violência focal, desintegradora — sintoma claro de uma alastrada desintegração anterior. As segundas denotam uma propriedade deveras interessante e chamativa: a intensidade[430] — simbólica, moral, existencial e agora compreendida mutuamente sem que precise ser verbalizada, cuja dinâmica qualitativa, sensível pelos efeitos que produz, é capaz de ir além da corrente mutação de simples formatos nos planos político e ideológico.

E por mais que tais elaborações tenham a ver com outras, apontadas como mera ideação, é impossível represar sua tendência, ou melhor, sua vocação para a plena existência; cairóticas — e não cronológicas, pontuais —, seu frutificar histórico é uma questão somente de oportunidade. Essa diferenciação, de resultados práticos tão tangíveis, é que necessita ser levada em consideração no afã de possibilitar a existência

---

429 Preferível este, frente ao que sugere o vocábulo integração, que não se ajusta bem à ideia de completude.

430 Organizacional, ordenadora, embora na ausência de uma força motriz externa claramente identificável.

de um meio urbano de inteira viabilidade — no qual logrem emergir cidadãos na condição de sujeitos históricos livres,[431] isto é, onde seja facilitada a autodeterminação responsável e cada um possua plena consciência de seu potencial.

A espera passiva de um futuro incerto ou a postura ativa de ir ao seu encontro, balizando o seu entorno e o construindo a seu jeito, sob alicerces sólidos, enraíza-se em maior parte na dependência, pois, de o composto humano da cidade ser mais ou menos fragmentado, ter ou não projetos de vida coletivos — lastreados na noção de que a realidade pode ser transformada: não é uma fatalidade a ser experimentada na aridez inexpressiva do receio de que o mais simples protesto ou solução de continuidade venham a desaguar no agravamento ou piora geral de um quadro determinado.

A gestão, portanto, deve implicar em gestação, ou não se efetivará. E o que até hoje se vem gestando, no recôndito da artificialidade ambiental brasileira, senão essas levas comuns de um punhado de constituídos e uma plêiade de destituídos, pouco importando se já reservado o seu destino de medo e amargura em mega ou microurbes? É uma pérfida (re) produção nodal de pares con(v)iventes — elites e restolhos a disputar a vida em cidades obesas e raquíticas, a menor parte a herdar aquilo que falta à maior parte, deserdada, no arcabouço institucional de uma união sem estados — estados sem municípios, nos quais o mais fértil amálgama, o de totalidade, é substituído estupidamente por um arranjo estéril de matriz violenta, o de parcialidade.

A falta de coesão na base do construto social sofre um remate inusitado: resulta num mosaico solto.[432] Além de não se vislumbrar interação, sequer uma réstia de integração per-

---

431 Das fortes amarras de pseudolideranças, que metodicamente o subjugam e reduzem à condição de mero objeto para a consecução de seus propósitos, cenário para as suas façanhas pessoais.

432 Por isso é tão mais condizente com o Brasil real compará-lo a um Estado unitário cindido do que a uma federação propriamente dita.

manece à mostra, reprovando todos os esforços e métodos até então envidados para reunir os vários Brasis que se conhece, ainda que sob a perspectiva regional.[433] O que se toma por comunidade em relação ao urbano e demais instâncias ecoantes, onto e epistemologicamente, não admite divisionismos, nem mesmo as conhecidas gradações residuais — que, caso não fossem a imagem viva e contundente do grotesco, se configurariam em pilhéria.[434]

Adverte Moás que o que se entende por "sociedade moderna" está disposto em três circunstâncias distintas:[435] a dos excluídos, a dos vulneráveis, e a dos integrados.[436] Os primeiros constituem a aglutinação dos marginalizados; os segundos, a dos que vivem a meio caminho, lá e cá; e os terceiros, a dos que usufruem a cidadania em sua expressão material. Enquanto uns e outros não são contemplados com coisa nenhuma, ou o são de maneira deveras apreciável, justo os aclamados vulneráveis logram servir de objeto para políticas e ações de natureza pública[437] regidas pelo critério equivocado e mesquinho do "mínimo", sem questionar se este mínimo guarda de fato similitude com o básico, o que seria desejável.

Potyara A. P. Pereira diferencia os conceitos de mínimo e básico ao aduzir que o primeiro traz a ideia de menor, de menos, de ínfimo, identificando-se com a "desproteção social",

---

433  O próprio regionalismo sempre foi desprezado em nome duma ansiada união nacional.

434  Zuenir Ventura — *Cidade partida*. São Paulo: Companhia das Letras, 2000. Passim — analisa a luta pela sobrevivência de setores aparentemente antagônicos na cidade do Rio de Janeiro, que se forja nas disparidades admitidas por essa nefasta visão socioeconômica.

435  Seu estado é verdadeiramente circunstancial.

436  *Op. cit.*, p. 96.

437  O Estado de privilégios alimenta uma relativização perversa e letal do conglomerado social que só agrava as tensões naturais de uma sociedade de classes, sem se preocupar com a penalização geral a que dá vez, esta, sim, essencialmente pública.

enquanto o segundo aponta o fundamental, o principal, o primordial, "que serve de base de sustentação indispensável e fecunda ao que a ela se acrescenta";[438] isso, é bom frisar, numa perspectiva social completa, ou seja, com a chance de poder chegar ao ótimo através de uma visão conjunta de necessidades, que supere o individual e o natural.

Direcionado a permitir a saúde física, a autonomia, e também a participação máxima no modo de geração de vida e cultura, em suma, afim à qualidade de vida e cidadania, o básico seria correlato — com exceção de peculiaridades locais ou grupos particulares — a uma listagem de categorias, em sua maior proporção presentes, por sinal, no bojo do artigo 6.º da atual Constituição e ali definidas como direitos sociais,[439] tais como: acesso a uma alimentação rica em nutrientes e água limpa e potável; habitação adequada; ambiente de trabalho desprovido de riscos e ambiente físico saudável; cuidados de saúde apropriados; proteção à infância; relações primárias significativas; segurança física e econômica; educação apropriada; e segurança no planejamento familiar, na gestação e no parto — um rol inicialmente aceitável. É justo o que faz falta, na totalidade ou numa fração bem acentuada, a quase meia centena de milhão de brasileiros abaixo da linha vergonhosa e humilhante da miséria absoluta — se já não ultrapassado, hoje, este número absurdo, sem falar nos pobres em si — que aguardam sua morte violenta, ou logo irão compartilhar com os demais, generosos, o seu desgosto, superados todos os freios inibitórios da racionalidade.[440] Esses não-cidadãos, carentes

---

438  Pereira, P. A. P. *Necessidades humanas*. São Paulo: Cortez, 2000. p. 26s, 58s, 75s.

439  Esses platôs de obviedades a que se tem conferido o nome de direitos desta ou daquela geração, o que não são propriamente, dão a impressão de não ter mais fim.

440  "São quase 50 milhões de brasileiros miseráveis". *estadao.com.br*, São Paulo, 10 jul. 2001. Geral. Disponível em: <http://www.estadao.com.br/editorias/2001/07/10/ger016.html> Acesso em: 17 jul. 2001.

de humanização, entulham o país de norte a sul sem que uma sobra, um naco, uma migalha sequer da renda produzida lhes seja destinada, para que afinal, clivados de seu limbo em vida, possam usufruir os bens públicos[441] e, respeitada a dignidade que lhes é inerente, igualmente produzir e contribuir para o enriquecimento coletivo.

Uma gestão que gesta a comunidade se inicia no ambiente sensível da urbanidade, onde se somam as vontades e as energias para atender e suprir as necessidades coletivas, que não são prisioneiras desta ou daquela nomenclatura: não se pode acorrentá-las a um rol taxativo qualquer ou intentar retê-las em algum alçapão jurídico-doutrinário-legal. São direitos, do indivíduo e também sociais e das coletividades; humanos, de todos e de cada um dos seres desta espécie; e fundamentais, devendo ser respeitados pelo incidente no eu-pessoal e face à relativização, assim, por igual, do que seja comunitário.

Então, se são direitos, são deveres a que se obrigam todas as instâncias de todos os poderes, os quais se fundem para servir a cada um e à comunidade, sem tergiversação, como a uma só coisa intensificada. À parte disso não há sinal algum de democracia: não se tem uma noção real do que merece ser autenticamente denominado de poder.

O poder — não aquele disseminado por toda a comunidade, multifocado na interação dos espaços estruturais suavizando-os até sua mescla fenomenológica, porém o parcialmente contraditório em todas as suas formas — implica em trocas desiguais, entre elas, de acordo com Santos,[442] as seis que se ligam a direitos e saberes nas sociedades ainda tomadas pela (i)logicidade dos sistemas capitalistas, fermentações a serem expelidas pela comunidade para fora de seus domínios: o patriarcado, no espaço doméstico; a exploração, no espaço da

---

441 E os privados, claro, que necessitem e consigam obter, apesar de não apenas aqueles de matriz material a que o pensar vicioso remete.

442 Santos, B. de S., *Op. cit.*, p. 284-290.

produção; o fetichismo das mercadorias, no espaço do mercado; a diferenciação desigual, no espaço da comunidade;[443] a dominação, no espaço da cidadania; e a troca desigual *per se* como forma específica de poder, no espaço mundial.

A democracia, por seu turno, identifica-se com a descrição feita por Boff: mediada pela participação indispensável numa pan-cidadania,[444] e apta a despir por completo de seu caráter pejorativo a heterogeneidade, transmuda diferenças no gérmen puro da igualdade. Topicamente, alega o livre-pensador, se caracteriza por espelhar:

(1) participação, a mais ampla possível de todos, de baixo para cima, de tal sorte que cada um possa se entender como cidadão e sujeito da história que está ajudando a construir;

(2) igualdade, que resulta dos graus cada vez mais profundos e amplos de participação; igualdade inicial de permitir que um maior número de cidadãos tenha chances de viver melhor, preparar-se profissionalmente, participar na cultura. Em face das desigualdades subsistentes, deve vigorar a solidariedade social;

(3) respeito às diferenças de toda ordem, como expressão da riqueza humana e social; por isso, uma sociedade democrática deve ser pluralista, multiétnica, plurirreligiosa e com vários tipos de propriedade;

---

443  O sentido, aqui, é diverso daquele mais abrangente que se vem usando, conquanto relativo ao conceito de lugar.

444  Que engloba positivamente todas as cidadanias, entrelaçando-as, sim, embora sem as sobrepor ou descaracterizar.

(4) valorização da subjetividade humana — o ser humano não é apenas um ator social, é uma pessoa, nó de relações para todos os lados, no mundo e junto com os outros. A comunhão e a espiritualidade são valores sociais inestimáveis para a autorrealização pessoal e para humanizar as instituições e as estruturas sociais.[445]

O Estado se amplia no enfeixamento institucional, garantidor dos anelos mais profundos da comunidade que simboliza, até que ambos se confundam; e se reduz no abandono de uma burocracia superficial e abjeta que, se alimentando de si mesma, sufoca a criatividade com seu inchaço paquidérmico, enquanto profana, em sua tola pretensão de ente sempiterno, a credulidade dessa comunidade. Instaura-se uma novidade dialogal no Estado democrático, liberto de sua couraça senhorial.

Fora transbordar de seu isolamento no plano legal, a igualdade genuína não oferece à gestão qualquer tipo de empecilho, mas sim os remove da comunidade ao desbastar os condicionamentos esclerosados de classe, os privilégios de toda sorte, as reservas de dominação e o fatalismo exculpante da ausência de auxílio decente frente a mazelas pessoais.[446]

O problema reside em trabalhar a falta natural de igualdade absoluta entre as pessoas, sobretudo no aspecto jurídico. Dado que sua expressão é presa fácil de casuísmos deformantes e personificações úteis, a cautela precisa ser redobrada.

Celso Antônio Bandeira de Mello afirma que são três as questões em que urge reconhecer as diferenciações que não podem ser feitas sem quebra da isonomia: o critério empregado para discriminar; a "correlação lógica abstrata" entre

---

445 *Op. cit.*, p. 62-64.

446 Algumas delas crônicas e, por isso, escusa comum para a impiedade e descaso.

tal fator e a disparidade havida no trato jurídico desigual; e o liame entre essa correlação e os valores aceitos pela ordem constitucional.[447] Na primeira, a peculiaridade de um sujeito não há de singularizá-lo de maneira permanente e definitiva no presente, nem lhe pode ser exterior; na segunda, deve o nexo entre a peculiaridade e seus efeitos de teor jurídico ser racional e pertinente; na terceira, tal vinculação tem que estar abrigada sob um interesse relevante, positivado no texto constitucional.

É desnecessário recordar que são insuficientes para tanto expressões tais como "a igualdade aos iguais" e "a desigualdade aos desiguais", coisas próprias de um lugar, época e qualidade de público, posto que igualdade e desigualdade podem ser pechas artificiais, lugar e época soem esconder subjetividades inconfessáveis e o fato de algo ser dito público só significa estar na razão direta de um público determinado e muito particular.

Os direitos humanos fundamentais[448] se mostram balizas axiológicas da comunidade, válidas o suficiente para orientar uma gestão plenamente viável do ambiente artificial; visto o seu núcleo ético universal, sua origem, história e evolução[449] não dão margem a que se duvide disso. Contudo, sustentados pela igualdade filosófica e jurídica, é medida prudente conceituá-los adequadamente a fim de que não sofram restrições ou desvios de rumo, em especial por pressões de cunho político-econômico, neoliberal, e, via de consequência, pela sanha policialesca que põe em pânico e alvoroça o país para de uma vez por todas vir a legitimar a morte-execução, a

---

447 Bandeira de Mello, C. A. *Conteúdo jurídico do princípio da igualdade.* São Paulo: Malheiros, 2001. caps. III-VI.

448 Por motivos de ordem prática é melhor chamá-los assim, incluindo tanto os universais quanto os formalmente constitucionalizados.

449 Uma excelente abordagem do tema em questão é encontrada em Manoel Gonçalves Ferreira Filho. *Direitos humanos fundamentais.* São Paulo: Saraiva, 2000. parte I.

sangue-frio, daqueles que deveriam ser submetidos ao devido processo, por mais indevido que ainda possa ser.

Livremente, esses direitos constituem a parte visível do processo de construção do humano no mundo, superando a força bruta — a concentrada e a gradual —, passando de ideia em ideia, de ciência em ciência, de ideologia em ideologia, para garantir, com os seus postulados sempre parciais, que sobre todas as invencionices e desacertos do ser humano este consiga pôr-se acima de si mesmo, de sua individualidade, de sua finitude; e permaneça irmanado no conjunto-base relacional de sua existência, com os outros e com a Natureza.

Tal processo, inacabado, é contínuo, acompanhando o ser humano em suas lides internas e externas: congrega, reúne, ajunta; e sempre há de fazê-lo, dialeticamente, até que todos os óbices à vida sejam eliminados ou esta não mais se faça possível. Seu arcabouço atual pode ser o objeto teórico de todos os estudos imagináveis, o que não é de se desprezar, embora gerem mais discussão do que propriamente o seu fomento. Independente de classificações, distinções e quejandos, esses brotos ético-ecológicos, mais do que direitos, hão de buscar harmonizar os seres e as formas de vida.

No meio urbano, onde as idiossincrasias aparecem com facilidade inigualável — o mesmo se podendo dizer de sua carga de negatividade pesada e doentia — sua utilidade é maior, e sua tarefa muito mais árdua. Daí sobressair em seu bojo o ápice que engloba os direitos humanos fundamentais, vale dizer, a dignidade da pessoa humana.[450]

Apesar dos desafios a seu caráter absoluto, relativizador dos demais direitos, Ingo Wolfgang Sarlet[451] leciona que, mesmo que se aventasse alguma chance de ceder em parte, restaria eventualmente à dignidade um elemento nuclear intangível,

---

450 De todas as pessoas, no caso, em cada uma delas.

451 Sarlet, I. W. *Dignidade da pessoa humana e direitos fundamentais na Constituição Federal de 1988*. Porto Alegre: Livraria do Advogado, 2001. p. 138.

acerca do qual não se poderia transigir jamais a redução do ser humano a coisa e instrumento, sendo ele fim e não meio. Ele assim a conceitua:

> Temos por dignidade da pessoa humana a qualidade intrínseca e distintiva de cada ser humano que o faz merecedor do mesmo respeito e consideração por parte do Estado e da comunidade, implicando, neste sentido, um complexo de direitos e deveres fundamentais que assegurem a pessoa tanto contra todo e qualquer ato de cunho degradante e desumano, como venham a lhe garantir as condições existenciais mínimas para uma vida saudável, além de propiciar e promover sua participação ativa e corresponsável nos destinos da própria existência e da vida em comunhão com os demais seres humanos.[452]

Se o fato de ser-se pessoa — o eu-pessoal, reflexivo — encontra na livre escolha, determinante de sentido, o seu respaldo; se só se é pessoa numa práxis, o que não se imagina na falta de referência confrontante; e se para ser-se pessoa é exigido o diálogo, então é na comunidade, e tão-somente nela, que se produz e se vivencia a dignidade.[453]

Claro está que a comunidade é chamada em sua totalidade a ser ativa e operacional, a atuar em redes, cumprindo um imprescindível papel na gestão da artificialidade. Com Jordi Borja e Manuel Castells pode-se afirmar que — devido ao crescimento da cidade e suas múltiplas demandas e problemas, à multiplicidade e diversidade de funções e serviços daí decorrentes, à oportunidade salutar de uma aproximação da representação política e ao contato imediato com a realidade a ser transformada, além de razões bastante conhecidas de ordem geral — a participação como necessidade funcional volta à ordem do dia.

---

452  Id., ibid., p. 60.

453  Donde a indignidade de quem se omite ou se (acr)isola.

Numa democracia efetiva, em que o poder tem seu significado maior no compartilhamento, participar, para o cidadão orgânico, não é uma simples questão de se sentir obrigado ou constrangido a fazê-lo, mas o exercício de um direito que lhe assiste como tal e do qual não abre mão — pela grandeza intrínseca em cooperar com a emancipação de cidadanias debilitadas ou ainda em formação, o que se realiza usualmente com a promoção de consultas populares, com o incentivo a um labor voluntário e com o apoio a entidades. Urge, entretanto, que a comunidade consciente não se ponha à disposição da iniciativa de um poder hierárquico, mas que avance sobre o tempo com sua liderança e tome a si a tarefa de fazer letra viva a afirmação de que *"la ciudad la hace más la gente que el mercado o la Administración"*,[454] numa óbvia e producente verticalização do poder.

Não se trata de uma inversão propriamente dita, nem de uma nova, de outra institucionalização, mas de uma correção de rumo, dimensionamento e alocação do poder, retificando uma distorção sócio-histórica — limpa, de portas e janelas bem abertas, arejando e pondo transparente o seu exercício cotidiano, de sorte que as decisões sejam fruto de conciliação.[455]

Pedro Jacobi aduz que, para uma participação ampliada dos cidadãos no Brasil, "o desafio conceitual maior é romper com a lógica clientelista que prevalece na relação Estado/sociedade".[456] Visando tal finalidade, o caminho mais seguro é o dos denominados conselhos populares.

---

454 A cidade é feita mais pelas pessoas do que pelo mercado ou pela Administração. Borja, J.; Castells, M. *Local y global*. Madrid: Taurus, 2001. p. 299-303.

455 A democracia de vencedores e vencidos não é a mesma de favoráveis e contrários, em relação à comunidade; divergir quanto ao como não a fere, ou fere mais do que quanto, do quê divergir. Por isso a participação se vale do poder para conciliar, integrando a comunidade e robustecendo a noção de bem comum.

456 Jacobi, P. *Políticas sociais e ampliação da cidadania*. Rio de Janeiro: FGV, 2000. p. 33.

"A forma 'conselho' utilizada na gestão pública, ou em coletivos organizados da sociedade civil, não é nova na História", expõe Maria da Glória Gohn. No que toca à gestão urbana, a autora propõe agrupá-los em quatro categorias: os diretamente voltados ao espaço urbano; os decorrentes da prestação setorizada de serviços; os que enfocam os vários grupos etários da população; e os que atuam na área cultural.[457] Como instrumentos de radical importância, os conselhos formam hoje a melhor alternativa disponível; "se representativos, poderão alterar progressivamente a natureza do poder local",[458] e para isso requerem articulação planejada com toda a paciência e cuidado.

Destarte, sem menosprezar outros movimentos sociais, devem vivificar a produção, a distribuição e o consumo de bens, operando em áreas-chave e aptos à educação dos de dentro e dos de fora, numa rotatividade benquista para a vida em comunidade.[459]

Com sua verve deveras peculiar, Luis Alberto Warat traz a lume um novo sem-novismo, livre do comum imediatismo consumista, vulgar, que descarta após o contato inicial exaustivo como que pretendendo exaurir, vampirizador, a essência e o caráter: a mediação ecológica. Refletindo sobre a construção da realidade, finda a visão de um mundo de marcações seguras, Warat afirma que surge outra na qual é positiva a experiência da ambivalência como desordem, a reclamar o encontro convergente das realidades e, também, a cognição a partir do imprevisível, numa aproximação possível da reserva selvagem ou reserva de sensibilidade, "que é aquele lugar onde os sentimentos e os saberes se tornam esquecimento."[460]

---

457  Id., ibid., p. 96s.

458  Gohn, M. da G. *Conselhos gestores e participação sociopolítica*. São Paulo: Cortez, 2001. p. 65.

459  Id., ibid., p. 107-112.

460  Warat, L. A. *O ofício do mediador*. Florianópolis: Habitus, 2001. p. 255-268.

Daí, compreendida esteticamente a verdade "como produto da produção da diferença, com o outro", é de causar espécie a razão assexuada, sem desejo, que vê barbárie em tudo o que não controla, um conflito onde não encontra ordem ao se iludir com um ideal de progresso. Obsessiva, a ordem que se opõe ao caos — do qual, embora maligno, necessita para crescer e se expandir — quer ditar a vida e as relações humanas com sua artificialidade — o direito —, acabando por privá-las de seu potencial criativo e reduzindo os conflitos à estreiteza de seu maniqueísmo.

A mera profusão legislativa material e processual, eivada dos defeitos próprios do açodamento, com vistas a recrudescer penas e tratamento de encarcerados, não conseguirá fazer avançar o combate à criminalidade. No enfrentamento da questão de fundo da violência — que se esparrama em pavor e horrores pelas vias urbanas —, mesmo aquilo que constitui a mais recente construção doutrinária traz pouca ou quase nenhuma alternativa válida.

Isolado em seu discurso positivista, o direito não tem inspirado a mais tênue confiança em relação à sua missão de viabilizar dias mais amenos; ao contrário, sua audiência diminui consideravelmente à medida que se afasta e se exila das ciências sociais e da vida, ainda mais com um Ministério Público desfocado em sua missão maior e sem o aporte do que traz à vida a Psicanálise (Freud e Lacan). Tendo criado um mundo à parte, cabe a discussão do que seja, afinal, o jurídico — o que resta indefinido fora de sua redoma, sem atrair interlocutores e não contribuindo para a reelaboração de sentidos existenciais. O preço a ser pago por essa falta de pertinência, por sua verdadeira ausência, é muito alto: a comunidade haverá de lhe dar sabor.

A total viabilidade do meio urbano, quanto à sua gestão, é uma questão que se apontou depender de renovadas finalidades e de uma opção radical em prol da maior delas, vale dizer, a facilitação do surgimento da comunidade; isso, porque temos a plena convicção de que tal é o curso natural da utopia humana, que não pode ser invalidada por métodos equivocados e desastrosos na intenção de atingi-la, ameaçando-a, na verdade.

Ainda hoje é imperativo lutar contra tudo o que é parcial e antiecológico; que submete o ser humano ao materialismo; que redutor e agressivo contabiliza a sua vida, unilateral e unidimensional, desprovido, portanto, de qualquer traço de riqueza ou grandeza, como lembrou José Saramago:[461] um copo que se deve preencher com esperança, dado que cheio pela metade só é capaz de matar meia sede.

---

461 Saramago, J. Faros. *In*: Sampedro, J. L. et al. *Ciudadan@s de Babel*. Madrid: Punto de Lectura, 2002. p. 167.

# Referências Bibliográficas

ALMEIDA, F. D. M. de. [S. t.]. *In*: MEDAUAR, O.; _____ (Co-ords.). *Estatuto da Cidade*: Lei 10.257, de 10.07.2001; comentários. São Paulo: RT, 2002. 214 p.

ALVA, E. N. *Metrópoles (in)sustentáveis*. Tradução: Marta Rosas. Rio de Janeiro: Relume Dumará, 1997. 149 p.

AMORIM, C. *Comando vermelho*: a história secreta do crime organizado. 4. ed. Rio de Janeiro: Record, 1994. 277 p.

ANDERSON, P. *Los orígenes de la posmodernidad*. Tradução: Luís A. Bredlow. Barcelona: Anagrama, 2000. Título original: *The origins of postmodernity*. 195 p. Argumento, n. 240.

ARENDT, H. *Sobre a violência*. Tradução: André Duarte. 3. ed. Rio de Janeiro: Relume Dumará, 2001. Título original: *On violence*. 114 p.

ARRUDA, K. M. "A função social da propriedade e sua repercussão na propriedade urbana". *In: Revista de Informação Legislativa*, Brasília, ano 33, n. 132, p. 313-319, out./dez. 1996.

BANDEIRA DE MELLO, C. A. *Conteúdo jurídico do princípio da igualdade*. 3. ed. São Paulo: Malheiros, 2001. 48 p.

BANFIELD, E. C. *A crise urbana: natureza e futuro.* Tradução: Álvaro Cabral. 2. ed. Rio de Janeiro: Zahar, 1979. Título original: *The unheavenly city.* 384 p.

BENEVOLO, L. *História da cidade.* Tradução: Silvia Mazza. 3. ed. São Paulo: Perspectiva, 1999. Título original: *Storia della cittá.* 728 p.

BETTANINI, T. *Espaço e ciências humanas.* Tradução: Liliana L. Fernandes. Rio de Janeiro: Paz e Terra, 1982. Título original: *Spazio e science umane.* 157 p. (Geografia e Sociedade, v. 2)

BOFF, L. *A voz do arco-íris.* Brasília: Letraviva, 2000. 207 p.

BORJA, J.; CASTELLS, M. *Local y global: la gestión de las ciudades en la era de la información.* 6. ed. Madrid: Taurus, 2001. 418 p. (Pensamiento)

BRANTINGHAM, P. J.; BRANTINGHAM, P. L. (Eds.). *Environmental criminology. Reissued with changes.* Prospect Heights, Ill: Waveland Press, 1991. 282 p.

BULOS, U. L. *Constituição Federal anotada.* 4. ed., rev. e atual. até a Emenda Constitucional n. 35/2001. São Paulo: Saraiva, 2002. 1.456 p.

CALDEIRA, T.P. do R. *Cidade de muros: crime, segregação e cidadania em São Paulo.* Tradução: Frank de Oliveira; Henrique Monteiro. São Paulo: 34, 2000. 399 p.

CALVINO, I. *As cidades invisíveis.* Tradução: Diogo Mainardi. São Paulo: Companhia das Letras, 1990. Título original: *Le città invisibili.* 150 p.

CARLOS, A. F. A. *O lugar no/do mundo.* São Paulo: HUCITEC, 1996. 149 p. (Geografia: Teoria e Realidade, 38)

CASTELLS, M. *A questão urbana.* Tradução: Arlene Caetano. 1. reimp. Rio de Janeiro: Paz e Terra, 2000. Título original: *La question urbaine.* 590 p. (Pensamento Crítico, v. 48)

CASTRO, P. *Sociologia sobre e sub urbana.* Niterói: EDUFF, 1993. 182 p.

CASTRO, S. R. de. "Algumas formas diferentes de se pensar e de reconstruir o direito de propriedade e os direitos de posse nos 'países novos'". *In*: FERNANDES, E. (Org.). *Direito urbanístico e política urbana no Brasil*. Belo Horizonte: Del Rey, 2000. 629 p.

CHAUÍ, M. *Brasil: mito fundador e sociedade autoritária*. 1. ed., 2. reimp. São Paulo: Fundação Perseu Abramo, 2000. 103 p. (História do Povo Brasileiro)

CHILDE, V. G. *A evolução cultural do Homem*. 5. ed. Rio de Janeiro: Zahar, 1981. 229 p.

CLEMENTE, M; ESPINOSA, P. (Coords.). *La mente criminal: teorías explicativas del delito desde la Psicología Jurídica*. Madrid: Dykinson, 2001. 248 p.

CORRÊA, R. L. *O espaço urbano*. 4. ed. Rio de Janeiro: Ática, 1999. 94 p. (Princípios, n. 174)

CUNHA, A. S. *Todas as constituições brasileiras: edição comentada*. Campinas: Bookseller, 2001. 577 p.

CUNHA, M. H. L. da. *Espaço real, espaço imaginário: a estética de Jung*. 2. ed. Rio de Janeiro, UAPÊ, 1998. 212 p.

DADOUN, R. *A violência: ensaio sobre o "homo violens"*. Tradução: Ana G. Soares. Mem-Martins: Europa-América, 1998. Título original: *La violence*. 88 p. (Saber, 237)

DANIEL, C. "A gestão local no limiar do novo século: desafios dos governos democráticos e populares no Brasil". *In*: FERNANDES, E. (Org.). *Direito urbanístico e política urbana no Brasil*. Belo Horizonte: Del Rey, 2000. 629 p.

DE GRAZIA, G. "Estatuto da Cidade: uma longa história com vitórias e derrotas". *In*: OSORIO, L. M. (Org.). *Estatuto da Cidade e reforma urbana: novas perspectivas para as cidades brasileiras*. Porto Alegre: Fabris, 2002. 278 p.

DEBORD, G. *A sociedade do espetáculo: comentários sobre a sociedade do espetáculo*. Tradução: Estela dos S. Abreu. Rio de Janeiro: Contraponto, 1997. Título original: *La société du spetacle*. 237 p.

DERANI, C. *Direito ambiental econômico*. São Paulo: Max Limonad, 1997. 297 p.

DI PIETRO, M. S. Z. "Concessão de uso especial para fins de moradia: Medida Provisória 2.220, de 4.9.2001". *In*: DALLARI, A. A.; FERRAZ, S. (Coords.). *Estatuto da Cidade*: comentários à lei federal 10.257/2001. São Paulo: Malheiros, 2002. 440 p.

DIAMOND, J. *Armas, germes e aço*: os destinos das sociedades humanas. Tradução: Silvia de S. Costa. 2. ed. Rio de Janeiro: Record, 2001. Título original: *Guns, germs and steel*. 472 p.

FALBO, R. N. *Cidadania e violência no judiciário brasileiro*: uma análise da liberdade individual. Porto Alegre: Fabris, 2002. 136 p.

FERNANDES, E. "Direito do urbanismo: entre a 'cidade legal' e a 'cidade ilegal'". *In*: _____ (Org.). *Direito urbanístico*. Belo Horizonte: Del Rey, 1998. 232 p.

FERRAZ, H. *A violência urbana*: ensaio. São Paulo: João Scortecci, 1994. 115 p.

FERREIRA FILHO, M. G. *Direitos humanos fundamentais*. 4. ed. rev. São Paulo: Saraiva, 2000. 191 p.

FLORES, P. T. de R.; SANTOS, B. S. dos. *Comentários ao Estatuto da Cidade*. Rio de Janeiro: AIDE, 2002. 150 p.

FORRESTER, V. *Uma estranha ditadura*. Tradução: Vladimir Safatle. São Paulo: UNESP, 2001. Título original: *Une étrange dictadure*. 187 p.

FRANCISCO, C. A. *Estatuto da Cidade comentado*. São Paulo: Juarez de Oliveira, 2001. 340 p.

FREIRE, P. *Pedagogia do oprimido*. 24. ed. Rio de Janeiro: Paz e Terra, 1997. 184 p.

GASPARINI, D. *O Estatuto da Cidade*. São Paulo: NDJ, 2002. 247 p.

GIDDENS, A. "Desvio e criminalidade". *In*: *Sub Judice: Justiça e Sociedade*, Coimbra, [s. a.], n. 13, p. 27s, abr./jun. 1999.

GIRARD, R. *A violência e o sagrado*. Tradução: Martha C. Gambini. São Paulo: Paz e Terra, 1990. Título original: *La violence et le sacré*. 391 p.

GOHN, M. da G. *Conselhos gestores e participação sociopolítica*. São Paulo: Cortez, 2001. 120 p. (Questões da nossa época, v. 84)

GOMES, P. C. da C. *A condição urbana*: ensaios de geopolítica da cidade. Rio de Janeiro: Bertrand Brasil, 2002. 304 p.

GRAU, E. R. *O direito posto e o direito pressuposto*. 4. ed. São Paulo: Malheiros, 2002. 279 p.

_____. *A ordem econômica na Constituição de 1988*. 5. ed., rev. e atual. São Paulo: Malheiros, 2000. 366 p.

GUILAINE, J.; ZAMMIT, J. *El camino de la guerra: la violencia en la prehistoria*. Tradução: M. Àngels P. Mendizábal. Barcelona: Ariel, 2002. Título original: *Le Sentier de la guerre*. 283 p. (Ariel Prehistoria)

HALL, E. T. *A dimensão oculta*. Tradução: Sônia Coutinho. Rio de Janeiro: Francisco Alves, 1977. Título original: *The hidden dimension*. 180 p. (Ciências Sociais)

HARDT, M.; NEGRI, A. *Império*. Tradução: Berilo Vargas. Rio de Janeiro: Record, 2001. Título original: *Empire*. 501 p.

HESSE, K. *A força normativa da Constituição*. Tradução: Gilmar F. Mendes. Porto Alegre: Sergio Antonio Fabris, 1991. Título original: *Die normative Kraft der Verfassung*. 34 p.

HORBACH, C. B. [S. t.]. *In*: MEDAUAR, O.; ALMEIDA, F. D. M. de (Coords.). *Estatuto da Cidade*: Lei 10.257, de 10.07.2001; comentários. São Paulo: RT, 2002. 214 p.

HUNT, E. K.; SHERMAN, H. J. *História do pensamento econômico*. Tradução: Jaime L. Benchimol. 19. ed. Petrópolis: Vozes, 2000. Título original: *Economics: an introduction to traditional and radical views*. 218 p.

JACOBI, P. *Políticas sociais e ampliação da cidadania*. Rio de Janeiro: FGV, 2001. 152 p.

JACOBS, J. *La economía de las ciudades*. 2. ed. Barcelona: Península, 1975. 287 p. (Historia, Ciencia, Sociedad, n. 83)

KAHN, T. *Cidades blindadas*: ensaios de criminologia. São Paulo: Conjuntura, 2001. 98 p.

KARAM, M. L. "Pelo rompimento com as fantasias em torno de delitos e de penas". In: *Revista Brasileira de Ciências Criminais*, ano 8, n. 29, p. 331-350, jan./mar. 2000.

KLENIEWSKI, N. *Cities, change, and conflict: a political economy of urban life.* [S. l.].: Wadsworth, 1997. 384 p.

LAUAND, J. *Razão, natureza e graça – Tomás de Aquino em sentenças.* Disponível em: <http://www.hottopos.com/mp3/sentom.htm> Acesso em: 30 abr. 2002.

LEFEBVRE, H. *A revolução urbana.* Tradução: Sérgio Martins. Belo Horizonte: UFMG, 1999. Título original: *La révolution urbaine.* 178 p. (Humanitas)

_____. *The production of space.* Tradução: Donald Nicholson-Smith. Oxford: Blackwell, 2001. Título original: *Production de l'espace.* 454 p.

LEVY, E. *Democracia nas cidades globais: um estudo sobre Londres e São Paulo.* São Paulo: Nobel, 1997. 231 p. (Megalópolis)

MARANHÃO, O. R. *Psicologia do crime.* 2. ed., mod. São Paulo: Malheiros, 1998. 142 p.

MARCUSE, P; KEMPEN, R. van. "Conclusion: a changed spatial order". In: _____; _____. (Eds.). *Globalizing cities: a new spatial order?* Oxford: Blackwell, 2000. 318 p.

MARIANI, R. *A cidade moderna entre a história e a cultura.* Tradução: Anita R. Di Marco. São Paulo: Nobel, 1986. 165 p.

MARICATO, E. *Metrópole na periferia do capitalismo: ilegalidade, desigualdade e violência.* São Paulo: HUCITEC, 1996. 141 p. (Estudos Urbanos; Arte e Vida Urbana)

MEIRELLES, H. L. *Direito municipal brasileiro.* Atualização: Célia M. Prendes; Márcio S. Reis. 12. ed. São Paulo: Malheiros, 2001. 872 p.

MICHAUD, Y. *A violência.* Tradução: L. Garcia. São Paulo: Ática, 1989. Título original: *La violence.* 116 p. (Fundamentos, 57)

MOÁS, L. da C. *Cidadania e poder local.* Rio de Janeiro: Lumen Juris, 2002. 115 p.

MONTAGNA, P. "Subjetivação contemporânea na metrópole". *In*: TASSARA, E. T. de O. (Org.). *Panoramas interdisciplinares para uma psicologia ambiental do urbano.* São Paulo: EDUC, 2001. 267 p.

MORAES, J. G. V. de. *Cidade e cultura urbana na primeira república.* 5. ed. São Paulo: Atual, 1998. 116 p. (Discutindo a história do Brasil)

MORAIS, R. de. *O que é violência urbana.* São Paulo: Brasiliense, 1981. 111 p. (Primeiros Passos, 42)

MOREIRA, M. "A história do Estatuto da Cidade". *In*: DALLARI, A. A.; FERRAZ, S. (Coords.). *Estatuto da Cidade: comentários à lei federal 10.257/2001.* São Paulo: Malheiros, 2002. 440 p.

MOURA, R.; ULTRAMARI, C. *O que é periferia urbana.* São Paulo: Brasiliense, 1996. 61 p. (Primeiros passos, 306)

MUKAI, T. *O Estatuto da Cidade: anotações à Lei n. 10.257, de 10-7-2001.* São Paulo: Saraiva, 2001. 186 p.

MUMFORD, L. *A cidade na história: suas origens, transformações e perspectivas.* Tradução: Neil R. da Silva. 4. ed. São Paulo: Martins Fontes, 1998. Título original: *The city in history.* 741 p. (Ensino Superior)

Na Índia, a mais antiga de todas as cidades. *estadao.com.br,* São Paulo, 17 jan. 2002. Geral. Disponível em: <http://www.estadao.com.br/editorias/2002/01/17/ger006.html> Acesso em: 17 jan. 2002.

NEVES, D. P. "Os miseráveis e a ocupação dos espaços públicos". *In*: *Caderno CRH,* Salvador, [s. v.], n. 30/31, p. 111-134, jan./dez. 1999.

NOVY, A. *A des-ordem da periferia: 500 anos de espaço e poder no Brasil.* Tradução: Peter Naumann. Petrópolis, RJ: Vozes, 2002. 423 p.

OLIVEIRA, A. P. de; CARVALHO, P. C. P. *Estatuto da Cidade: anotações à Lei 10.257, de 10.07.2001.* 237 p.

OSORIO, L. M.; MENEGASSI, J. "A reapropriação das cidades no contexto da globalização". *In*: _____ (Org.). *Estatuto* da *Cidade e reforma urbana: novas perspectivas para as cidades brasileiras.* Porto Alegre: Fabris, 2002. 278 p.

PAGDEN, A. *Pueblos e imperios.* Tradução: Enrique Benito. Barcelona: Mondadori, 2002. Título original: *Peoples and Empires.* 255 p. (Breve Historia Universal)

PERALVA, A. *Violência e democracia: o paradoxo brasileiro.* Rio de Janeiro: Paz e Terra, 2000. 217 p.

PEREIRA, P. A. P. *Necessidades humanas: subsídios à crítica dos mínimos sociais.* São Paulo: Cortez, 2000. 215 p.

PETRAS, J; VELTMEYER, H. *El imperialismo en el siglo XXI:* la *globalización desenmascarada.* Tradução: Guillermo S. Alonso. Madrid: Popular, [s. d.]. Título original: *Globalization unmasked: imperialism in the 21st century.* 271 p. (0 a la izquierda)

PODESTÁ, F. H. *Interesses difusos, qualidade da comunicação e controle judicial.* São Paulo: RT, 2002. 272 p. (Biblioteca de Direito do Consumidor, v. 19)

RAMALHO, J. R. *Mundo do crime: a ordem pelo avesso.* 3. ed. São Paulo: IBCCRIM, 2002. 254 p.

REIS, E. "Cidadania: história, teoria e utopia". *In*: PANDOLFI, D. C. et al. (Orgs.). *Cidadania, justiça e violência.* Rio de Janeiro: FGV, 1999. 248 p.

ROCHA, J. C. de S. da. *Função ambiental da cidade: direito ao meio ambiente urbano ecologicamente equilibrado.* São Paulo: Juarez de Oliveira, 1999. 57 p.

[S. t.]. *Gazeta do Povo*, Curitiba, 26 jan. 2002. Caderno 1. Entrelinhas. v. 83, n. 26.392, p. 2, colunas 5 e 6.

SALGUEIRO, H. A. (Org.). *Por uma nova história urbana:* Bernard Lepetit. Tradução: Cely Arena. São Paulo: EDUSP, 2001. 323 p.

SANTOS, B. de S. "Os processos da globalização". In: _____ (Org.). *A globalização e as ciências sociais.* São Paulo: Cortez, 2002. 572 p.

_____. "A crítica da razão indolente: contra o desperdício da experiência". *In*: *Para um novo senso comum.* 3. ed. São Paulo: Cortez, 2001. v. 1.. 415 p.

SANTOS, M. *O espaço do cidadão*. 4. ed. São Paulo: Nobel, 1998. 142 p. (Espaços)

_____. *Por uma outra globalização*: *do pensamento único à consciência universal*. Rio de Janeiro: Record, 2000. 174 p.

São quase 50 milhões de brasileiros miseráveis. *estadao.com.br*, São Paulo, 10 jul. 2001. Geral. Disponível em: <http://www.estadao.com.br/editorias/2002/07/10/ger 016.html> Acesso em: 17 jul. 2001.

SARAMAGO, J. "Faros: diálogo entre José Saramago e Ignacio Ramonet". *In*: SAMPEDRO, J. L. et al. *Ciudadan@s de Babel*: *diálogos para otro mundo posible*. Madrid: Punto de Lectura, 2002. 414 p. (Actualidad)

SARLET, I. W. *Dignidade da pessoa humana e direitos fundamentais na Constituição Federal de 1988*. Porto Alegre: Livraria do Advogado, 2001. 152 p.

SAULE JÚNIOR, N. "Estatuto da Cidade e o Plano Diretor: possibilidades de uma nova ordem legal urbana justa e democrática". *In*: OSORIO, L. M. (Org.). *Estatuto da Cidade e reforma urbana*: *novas perspectivas para as cidades brasileiras*. Porto Alegre: Fabris, 2002. 278 p.

SÉGUIN, E. *Estatuto da Cidade*. Rio de Janeiro: Forense, 2002. 209 p.

SHECAIRA, S. S. "Importância e atualidade da Escola de Chicago". *In*: *Discursos Sediciosos*: *Crime, Direito e Sociedade*, Rio de Janeiro, ano 5, n. 9 e 10, p. 149-168, 1º e 2º semestres 2000.

SINHORETTO, J. *Os justiçadores e sua justiça*: *linchamentos, costume e conflito*. São Paulo: IBCCRIM, 2002. 207 p.

SILVA, H. R. S. "Do caráter nacional brasileiro à língua-geral da violência". *In*: ARANTES, A. A. (Org.). *O espaço da diferença*. Campinas: Papirus, 2000. 304 p.

SILVA, J. A. da. *Direito urbanístico brasileiro*. 3. ed., rev. e atual. São Paulo: Malheiros, 2000. 455 p.

SJOBERG, G. "Origem e evolução das cidades". *In*: DAVIS, K. et al. *Cidades*: *a urbanização da humanidade*. Tradução:

José Reznik. 2. ed. Rio de Janeiro: Zahar, 1972. Título original: *Cities*. 221 p. (Atualidade)

SOARES, L. E. "Uma interpretação do Brasil para contextualizar a violência". *In*: PEREIRA, C. A. M. et al. (Orgs.). *Linguagens da violência*. Rio de Janeiro: Rocco, 2000. 340 p.

SOJA, E. W. *Postmetropolis: critical studies of cities and regions*. Oxford: Blackwell, 2000. 440 p.

SOMMER, R. *Espacio y comportamiento individual*. Tradução: Joaquin H. Orozco. Madrid: Instituto de Estudios de Administración Local, 1974. Título original: *Personal space*. 322 p. (Nuevo Urbanismo, 8)

SOUZA, M. A. P. de. *As cores de Acari*: *uma favela carioca*. Rio de Janeiro: FGV, 2001. 308 p.

SOUZA, M. L. de. *O desafio metropolitano: um estudo sobre a problemática sócio-espacial nas metrópoles brasileiras*. Rio de janeiro: Bertrand Brasil, 2000. 366 p.

STRECK, L. L. "O 'crime de porte de arma' à luz da principiologia constitucional e do controle de constitucionalidade: três soluções à luz da hermenêutica". Disponível em: <http://www.ibccrim.org.br> Acesso em: 30 abr. 2002.

VARELLA, D. *Estação Carandiru*. São Paulo: Companhia das Letras, 1999. 297 p.

VAZ, I. *Direito econômico das propriedades*. 2. ed. Rio de Janeiro: Forense, 1993. 673 p.

VENTURA, Z. *Cidade partida*. São Paulo: Companhia das Letras, 2000. 277 p.

VERÍSSIMO, F. S.; BITTAR, W. S. M.; ALVAREZ, J. M. S. *Vida urbana: a evolução do cotidiano da cidade brasileira*. Rio de Janeiro: Ediouro, 2001. 230 p.

VIEIRA, O. V. "Realinhamento constitucional". *In*: SUNDFELD, C. A.; _____ (Coords.). *Direito Global*. São Paulo: Max Limonad, 1999. 309 p.

VILLAÇA, F. *Espaço intra-urbano no Brasil*. 2. ed. São Paulo: Nobel, 2001. 373 p.

WACQUANT, L. *Os condenados da cidade: estudo sobre marginalidade avançada*. Tradução: João R. M. Filho. Rio de Janeiro: Revan, 2000. 222 p.

WARAT, L. A. *O ofício do mediador*. Florianópolis: Habitus, 2001. v. I. 278 p.

WRANGHAM, R.; PETERSON, D. *O macho demoníaco: as origens da agressividade humana*. Tradução: M. H. C. Côrtes. Rio de Janeiro: Objetiva, 1998. Título original: *Demonic males*. 416 p.

ZALUAR, A. *Condomínio do diabo*. Rio de Janeiro: Revan, 1994. 278 p.

ZYMLER, B. *Política e direito: uma visão autopoiética*. Curitiba: Juruá, 2002. 227 p.

Esta obra foi composta em Minion 11/13,1.
Impressa com miolo em  offset 75g e capa em cartão 250g,
por Createspace/ Amazon.

www.ingramcontent.com/pod-product-compliance
Lightning Source LLC
Chambersburg PA
CBHW060026210326
41520CB00009B/1020